放送大学叢書010

〈中国思想〉再発見

〈中国思想〉再発見　目次

まえがき

中国はリーマンショック後も高い成長率を維持している。その存在感は以前にも増して大きくなっている。ところが、国際政治の場面でも、また経済的な取引の際でも、日本人からすれば、中国人の考え方はわかりずらいばあいがある。いったい、中国人は何を考えているのか。その言動に日本人は暗然とした気持ちになることがあるのである。

本書は古代から近代まで、中国人がどのような思想を生み、また持ちつづけてきたかを論じている。そのため、日本人の中国人への疑問を解くきっかけになるだろう。本書で論じているように、中国の近代は、ヨーロッパから輸入されなくとも、中国の思想そのもののなかに用意されていた。そしてそれは北京オリンピックや上海万博にわく今日にいたっても、中国人の考え方のコアな部分に引き継がれていると考えていいだろう。

本書では、たびたび、日本の思想と比較して中国の思想を論じているので、より実感をもって中国の思想を理解できるはずである。またそのことを通して日本の思想の輪郭をはっきりとつかむことができるだろう。

本書の構成について、簡単に説明しよう。まず前半で天・理・自然・公など、中国思想史の中で重視されるべき概念の特質を、主に日本の同じ語との比較を通して検討し、かつそれぞれの概念が、特に宋代以降、近代まで、どのような質的展開をとげたかを述べている。また後半で、宋から清末までの哲学、政治、経済思想の展開のあらすじを前半と関連づけながら、述べたものである。

前半には次のような意図がある。古来、日本は中国と同じ漢字文化圏に属し、中国文化の影響下にあったが、そのため往々、同一の漢字は、両国で同じ意味で用いられていると錯覚されてきた。日本の江戸時代の漢学者には特にそういう傾向がみられ、彼らは中国の文献を読みながらも、往々天なら天を日本の概念で読みこみ、中国人の天概念が自分たちとどう違うかについては、考察を加えようとしなかった。それには理由があるのであって、江戸時代の漢学者たちは、中国の文献をいわゆる漢文訓《よ》みして日本流に咀嚼する、つまり日本文化の一部として漢文（中国古典）を扱ってはいたが、その文献を通して、中国を研究しようとはしなかった。彼らは日本文化の一部としての漢文学者ではあっても、中国研究者ではなかった、のである。

こういったことは明治以降もつづき、実は驚くべきことに、日中の比較が哲学概念の分野で行われたのは、一九八〇年代後半に『文学』誌上でわれわれが試みた（参考文献参照）のがほとんど最初といっていいすぎではない。

後半については、次のような意図がある。従来、中国の思想というと、孔・孟とか老・荘とか、古代の思想家のそれが日本では有名で、宋代つまり近世以降になると、朱子、王陽明がやや有名であるだけで、他はほとんど知られていない。まして清代は長い間中国思想史の専門家の間ですら、異民族支配の思想弾圧の暗黒時代というイメージをもたれていて、その時代が近代の革命思想と連続しているという見方は、全くなされてこなかった。これにも理由があって、従来、宋代以降の中国思想史の叙述は、もっぱら宋学のいわゆる理気論を中心にした哲学史がほとんどで、政治思想や経済思想はあまり視野に入れられてこなかった。そのため、朱子学と陽明学の広い視野から見た場合の連続性や展開の道筋が見落とされ、またそれの清代思想とのつながりも見落とされてきた。そこで本書では、前半の諸概念の歴史的展開と関連づけながら、後半ではもっぱら宋から清末までの思想史の連続性に重点を置いて叙述をすすめ、あわせて、中国の朱子学、陽明学が、日本のそれとどう違うかについても、一定のスペースをさいた。

本書は放送大学のテキスト『中国の思想』（放送大学教育振興会、一九九五年）をもとに、より広い知的読者層を想定している放送大学叢書の性格を考慮して、全体の構成を一部簡略化した。なお、本書の一部は、黒住眞氏、田原嗣郎氏、宮城公子氏との対談を踏まえて書かせていただいたものである。記して深甚の謝意を表させていただく。

中国の思想は、今後ともひきつづき、日本思想やヨーロッパ思想との対比の上で、その特質が明らかにされる必要がある。

そのことを通して、世界に対するわれわれの多元的な理解がより可能になるとともに、われわれの日本理解も一層深められることになるであろう。本書がその小さなきっかけの一つになれば、望外の幸せである。

二〇一〇年三月

溝口雄三

◉第一章

中国の「天」

中国思想、特にこの書でわれわれがみていこうとする、十世紀以降の宋代から二十世紀初頭の近代期までの中国思想の中で大いに重視されてよい概念は、天・理・自然・公である。それらの中でも天は、特に隠然とした力をもった概念である。隠然とした、というのは後述のように、宋代以降、天という観念は理と結びつき、あるいは理の背景としての位置に退くからである。しかし、ちょうどヨーロッパ思想の中でキリスト教の神の観念が、近代以降もあるいは理性と結びつきあるいは理性の背景として思想史上にその影響力を及ぼしたように、中国の天の観念も同じくその影響力を失うことはなかった。

天観念の成立以前

中国でその天の観念が成立したのは周代に入ってからのことといわれている。それに先立つ殷代には、「天」という字は「大」という字と同じ意味でしかなく、天がもつ抽象的あるいは超越的な意味は含まれていなかった。すなわち殷代には「天」という字はあってもそれは周代以降の「天」とは意味が異なっていた。いいかえれば、殷

中国の歴代王朝

代には天という形而上的観念は存在していなかった。

殷代の人々は、天よりも太陽に強い関心をもっており、彼らは十個の太陽が毎日一つずつ地中から天空に現れては没し、十日でひとまわりすると信じていた。その十個の太陽に日甲《にちこう》、日乙《にちいつ》、日丙《にちへい》、日丁《にちてい》、……日壬《にちじん》、日癸《にちき》と、今日十干《じっかん》と呼ばれている名がつけられ、それに対応する地上の十の王族が、この十個の太陽のそれぞれ子孫とみなされ、この十の王族の首長が、交替で地上を統治するとされていた。十人の王はそれぞれの祖先とされる太陽を崇拝していたという点で、その太陽信仰は祖先神崇拝と結びついていた。その点で日本のアマテラス信仰と似るが、ただ殷の場合は、さらにその太陽を司る「帝」をその上に想定していた点で日本と異なる。すなわち殷人は、天空の諸現象（雨、風、雲、雷など）を司る上帝と、地上の諸現象（日・月の出没、地震など）を司る下帝とを想定し、この上下帝に天災・地災の有無や地上の行動（軍事や狩猟）の可否などを占卜《せんぼく》していた。

殷の文化は、原始的な太陽観に基づいた祖先崇拝、上下帝信仰、および占卜を特質とするいわば原始的な文化であった。

天命観念の成立

紀元前十一世紀半ば頃に、現在の陝西省《せんせい》の西安近くの渭河《いが》盆地を中心に興起していた周族が、東方の殷族を攻伐して周王朝を創建した。この王権の交替、しかも異族間の交替を正当化する理由として挙げられたのが天命の観念であった。すなわち西周青銅器銘文には、周の文王《ぶんおう》が天の大命を受けたという記述があり、一方それが文王の有徳とも結びつけられているところから、周王朝が有徳の周室に対する天命の授受という考え方によってみずからの権力を正当化していたことがわかる。

この天命における天の観念が周族の中でどのように存続していたものかはあきらかでないが、渭河盆地が農耕に適した肥沃の地であったことや、また甘粛《かんしゅく》方面から西方文化も流入していたことなどを考えあわせて、彼らの農耕にかかわっての天空への関心、西方の一神教からの影響あるいは殷の上帝信仰のとりこみなど、いくつかの要因を類推することができる。いずれにせよ、以来中国大陸では、上帝信仰と結びついた天命の観念を王朝権力の背景にすえるようになり、王朝の交替期や皇帝の即位儀礼において、天の上帝を祭る祭天の儀式が盛大にとり行われるようになった。

すなわち、前漢の文帝によって郊祀《こうし》（都の郊外に天壇を築き拝天の祭儀を行うことによって天命の受命者であることを示す儀式）として始められた祭天の儀式は、宣帝《せんてい》・武帝《ぶてい》・成帝《せいてい》の時代を経て、儒家的な国家儀礼として体系化され、やがて王朝交替が頻繁になる南北朝期には皇帝位の異姓間への交替を正当化する祭儀として一般化し、唐代以降はさらに皇帝の即位儀礼として慣習化するにいたるのである。

古代日本との比較

日本の古代では自然物信仰が一般的であり、天皇の位は太陽神の子孫が継承するという一種の血統観念によって正当化されている。

このことは即位儀礼において天皇が高御座《たかみくら》に就くことを中心儀礼としていることにも示されている。この高御座とは天神《あまつかみ》の嫡孫が就くことを許された座であり、その天神とは太陽神であるアマテラス大神である。こういった天神の嫡孫といった皇位継承観念は八世紀以降、即位儀礼の時に読みあげられる宣命の中に明文化され、中国の天命受命観念とは全く異なったものであることがわかる。なお、後世、即位儀礼の一環となった大嘗祭《おおにえのまつり》において新穀を神に捧げる儀式がみられるが、この収穫を祝う農耕の祭りも、一般に稲魂《いなたま》という言葉に示されるように自然物崇拝の名残りであると考えられなくもない。

日本との比較でいま一つ挙げられるのは、中国古代には日本にみられない天文学の発達がみられることである。

古い文明国では、洋の東西を問わず、天文学が早くから発達しているが、中国もその例にもれず、紀元前四世紀頃の戦国時代には、農耕に必要な暦や、事の可否を占う占星術が相応の発達をとげた。天体構造論においても、漢代に入るとそれまでの蓋天《がいてん》説の上にさらに渾天《こうてん》説が加わるなど、理論の上で進歩がみられるようになる。蓋天説というのは天と地が上下に平行に並んでいると考えるもの、渾天説というのは平面である地の周りを球形の天が囲んでいると考えるものである。こういった天体構造論は、古代中国人の天に対する関心が並々ならぬものであったことを示すものである。しかも、特に注目されるのは、彼らが天の自然現象を地上の政治のできごとと密接に関係あるものとみなしていた、ということである。

天と政治

天と政治の関係を示す一つの例として『史記』の天官書を挙げることができる。前漢の司馬遷（BC一四五―八六頃）によって書かれた『史記』には、礼書、楽書などと並んで、占星術や星座の役割などを記した天官書がある。この天官という名にうかがわれるように、天上にも宮廷や官僚があるとみなされ、星座名にも大帝のほか三公、天相、天将などの官名が多くみられる。これは、漢代になって官僚機構が整備されたことの反映であるが、より直接的に天と政治の関係を理論づけたのは、前漢の董仲舒《とうちゅうじょ》（BC一七六頃―一〇四頃）で、彼の有名な天人相関説がそれである。

この理論は天の自然現象と地上の人事とは相対応すると考えるもので、たとえば人の三百六十の骨骸は周天の三百六十度に当るとか、人間の仁義は天の陰陽に相応するとかというのだが、中でも後世に影響を与えたのは、自然の瑞祥《ずいしょう》（紫雲や珍宝の出現）や災害（旱水害など）を政治の当否に結びつけた休祥災異説である。すなわち、皇帝は天命によって地上の民を統治するが、統治に過誤があって民生を害したばあいには、天の陰陽二気に不調和をまねき、災害によって譴責《けんせき》を受け、逆に天意を満たし民生に功あるときには瑞祥が現れる、というのである。

中でも災害を天の譴責、また異変（日月食など）を天の警告と考える天譴論《てんげん》は、漢から隋・唐を経て宋代にいたるまで長く朝廷政治の中枢にとり入れられ、実際の政治に影響を及ぼした。

このように自然界の現象を政治に結びつける考え方は、殷周革命の際に発明された天命説に由来し、のちに春秋戦国時代に『詩経』や『書経』にも見られる（たとえば『詩経』小雅、十月之交に、日食の原因を悪政のせいであると詠うなど）ような普及をみ、陰陽家にもうけつがれてきたのを、董仲舒が理論化したものだ。ただしこれは、ある特定の思想家の個人的な発明というよりは、もともと中国に最も深く伝統的な考え方を、たまたま董仲舒という一人の思想家が理論化したにすぎない、とみなされてよいものである。いいかえれば政治を天と結びつける政治思想は、中国に独自に発達をみたもので、これは日本やヨーロッパにはみられないこととして、留意されるべきである。

天の条理性

以上、どちらかといえば主宰者として擬人化された、主宰的な天についてみてきたが、一方、天には法則的な、いいかえれば条理的な天という観念もあることを忘れてはならない。

もともと天という観念は多義的である。とりあえずそれを大ざっぱに分類すると、(イ)自然運行の天、(ロ)主宰・根拠の天、(ハ)生成調和の天、(ニ)道徳・理法の天、の四つに分けられるが、ここで(イ)の自然運行、(ハ)の生成調和、(ニ)の道徳・理法はすべて条理を根底としたものである。

天を条理としてとらえるこうした見方は、道家に負うところが多い。

主宰的な天観は、周初の文献と考えられる『書経』召誥篇の「嗚呼《ああ》、皇天上帝は厥《そ》の元子《たいし》、茲《こ》の大国殷の命を改む」といったものから、のちの『論語』八佾《はちいつ》篇の「罪を天に獲れば禱《いの》る所なきなり」や『孟子』告子下篇の「天の将《まさ》に大任を是《こ》の人に降《くだ》さんとするや……」など、春秋戦国期の儒家の間に継承され、他面これはこれら儒家を媒介にのちの道徳・理法的な天へとつながっていくが、これと並んで道家の道の観念と結びついた、人為を越えた自然的秩序、ある究極的な理法としての天といった道家的な条理的な天の観念の存在も無視してはならない。

たとえば『莊子』秋水篇の「牛馬四足なる、是れを天と謂い、馬首を絡《くく》り牛鼻を穿《うが》つ、是れを人と謂う」という時の天と人は、前者が自然的であるのに対し後者は人為的であるのを指す。また同じく達生篇の「人の天を開かずして天の天を開く。天を開く者は徳生じ、人を開く者は賊生ず」における人の天はせまく人間の欲望などの人間的自然を指すのに対し、天の天は人間的自然を含めつつ人間を超えた宇宙全般の理法的自然を指すものと考えられる。そしてこれらのばあい、いずれも人よりは天により高い価値が与えられている。こういった考え方は、同じく『荘子』在宥《ざいゆう》篇に「無為にして尊き者は天道なり、有為にして累《つなが》るる者は人道なり」とある道家的な天道観に端的に表現されるにいたる。このように人間の作為を排除した、いいかえれば人為を超えた自然条理的な天観は、やがて儒家にも受容され、『荀子』の「天人の分」といわれる思想を生みだす。

『荀子』の「天人の分」というのは、天の主宰的あるいは人格的性格を否定し、自然界としての天と作為界としての人の世界とを分離した考え方で、その天論篇の「天の行《めぐり》には常あり。堯《ぎょう》の為に存せず、桀《けつ》の為に亡びず」という一句に示されるように、周初以来の天命観を否定しようというものである。すなわち天の自然の運行はそれ独自の法則の中にあり、堯の善政や桀の悪政とは無関係だ、というのである。

こういった自然法則的な天観の出現は、現代人の目からは、思想史的にみて擬人的、主宰的な天観より進歩的なものとみなさる。それゆえ、のちに漢代になってこれを再び否定して天人の相関を説いた董仲舒の思想は退歩的なものとみなされるかもしれないが、そういう見方は必ずしも的を射ていない。

というのは、ここでいう自然法則性とは、理論としていえばのちに陰陽五行の理論として把握された類のものであって、現在われわれが考えるような自然科学的なものではない。一方また、董仲舒の天人相関理論は、天譴論のような人格的、主宰的な天の一面とともに、陰陽五行理論に基づいて自然現象をとらえる自然法則的な、つまり条理的な天の一面も統合しているのである。その意味で董仲舒の天人相関理論は、春秋戦国期以来の主宰的な天観と条理的な天観との二つを統一し集成したものとみなされるべきである。

日本の天道観と中国の生成調和の天

ここで見かえしておきたいのは、日本の天道という観念が一般に浸透したのは十五・六世紀の戦国期のことで、われわれが漠然と考えているほど古くはないということである。

この天道は時には「てんとう」や神仏とも等置された観念で、道徳や正義の根拠とされた。天観との関連でいえば、人間を超えたある絶対的な存在、人間にとって不可知なある大きな力、人間を裁くある目に見えない存在者といった観念であり、中国の天観が、やがて宋代に入って「天は理なり」として客観的な法則性、条理性を強めていくのとは同じではない。

たしかに日本の天道にも道義や公正などの規範的な観念があり、この面では中国の道徳・理法の天と共通する。また、裁きをする点では主宰的天とも共通するが、日本の天道観と比べて中国の天観に最も独自的と思われるのは、生成調和の天、とりわけ人の生存の調和の天である。

『荘子』達生篇に「天地なるもの万物の父母なり」とか、同じく大宗師篇に「天に私覆なく、地に私載なし」とあるような、天の生成が万物に偏りなくあまねく及んでいるという考え方は、それ自体はめずらしいものではない。しかし、これが『詩経』(大雅、蕩)の「天は烝民《じょうみん》を生ず」という天が民を生じたとする天生の民という考え方と結びついて、民の生存の均等な成就という思想に展開していくところに、中国の独自性がみてとられる。

『礼記』礼運篇に、「天下に公たる」状況が「大同」の世の状況として一種のユートピアとしてえがかれている。そこでは身よりのない老人も病疾者も孤児もすべてが生存を全うし、人は己れのためだけにせず、貨財や能力を他者とともに分かちあうという、生存の均等な成就が示されている。ここでは、「天に私覆なし」という天の均等な配慮は、単なる公正な意志とかあまねき恵みとかだけではなく、人の生存における具体的な均等、均分の問題として表出されており、中国の公と日本のおおやけの相違もここには露出しているが、公のことはさておいて、天の調和にこのように人の生存の均等な成就という問題が包含されていることは、日本の天との比較の上で注目されてよい。

時代が下って、明代末期の呂坤《りよこん》（一五三六―一六一八）という思想家に、「世間万物、皆欲する所あり、真の欲は亦た是れ天理人情、天下万世公共の心なり。毎《つね》に憐れむ、万物に多少《おお》く其の欲を得ざる処あるを。……常に思う、天地、許多《あまた》の人や物を生ずるは、自ら以てこれを養うに足ればなり。然り而して其の欲を得ざるは、正に不均の故に縁《よ》るのみ」（『呻吟語』巻五）という一文がある。ここでいう欲とは生存欲や所有欲である。

本来はこれらの欲は天によってすべてが充足されるべきであるのに、多くの人が充たされないのは社会的に経済的な不均等が存在しているからだ、というのである。こういった生存欲・所有欲の社会的均等化の問題は、実は十六・七世紀以降の中国ではきわめて大きな思想史上の課題とされたもので、これは日本の天観念の展開とは非常に違った展開を示した例である。

則天去私と道徳・理法の天

日本では幕末になると大塩中斎の「吾が心即ち天」というように、人に内面化された天観念が広くみられ、西郷隆盛の「敬天愛人」とか明治には夏目漱石の「則天去私」などがその流れをくむ。これらの天に共通しているのは、これらが俗世間の名誉・地位とか財貨などの欲を離れ、あるいはさらに物事についての計較《けいかく》や打算もすて、いわば絶対自我を確立した、そういう生き方をめざしたことである。ここでは天は、内なる自己でありつつ自己を超えた無限の自己、すなわち天の無限性を自我としたいわば天人合一的な自我であり、だから「吾が心即ち天」ともいわれる。その自我はまた自己におけるおのずからなるもの、私欲や作為などをはらいすてたところにおのずからあるものである点で、天におけるおのずからなるものすなわち日本的な意味での誠でもある。こういった誠やおのずからなるものを本とした天は、中国の天と比べてきわめて独自日本的といえる。

中国でも誠とか自然とかは天に結びつく概念であるが、私欲や作為をなくしたところにあるのは、宋以降では天ではなく天理であり、誠とか自然とかは、その天理の純粋性を指す概念ではあっても、天理のほかに独立したある独特の境地を指す概念ではない。

誠や自然によって純白にされた天は、中国では天理であり、それはつまり道徳・理法の天である。要するに客観的にのっとるべきとされた条理である。日本の誠やおのずからの天が、客観的な条理やすじめであるよりは、むしろ純粋に主観的なものであり個人内部の心境であるのと、それは大いに異なるのであり、逆にその客観的な条理性というものが、中国の天の特性として注目されるのである。

天譴論の形成

前述のように董仲舒の天人相関理論には人格的、主宰的な天観と、自然法則的、条理的な天観との統一がみられる。前者の天観から出てくる、天譴論的な考え方は、天命思想ときりはなせない。

もともと世界各地の未開社会において、首長は雨乞いや収穫の豊かさを天に祈る呪術者でもある。その祈りを通じて、首長を媒介に地上のできごとと天の自然現象とはひとつながりのものと観念されていた、といえる。

中国でも殷代はおそらくその段階の時代であり、王は自然界の支配者とみなされた「帝」の意志を、呪術によって占い、あるいは予知しようとしていた。

周代に入って、王の有徳とそれに対しての天命という考え方が成立すると、天と地上とのつながりに変化が生じ、自然界の変異は地上に原因があるとみなされるようになった。つまり、それまで人間の意志や行為にかかわりなく上から防ぎようもなく降りかかってくるとされていた災異が、実は本来有徳であるべき地上の王の徳に欠けるところがあるのに対する警告や譴責であり、だから王が修徳すれば災異を鎮めあるいは予防することができる、とみなされるようになった。

この意味では天譴論の形成は、自然界に対して人がみずから関与する部分を獲得しはじめた、と評することもできる。

この上にさらに陰陽五行説のように、自然界の現象を陰陽五行の組みあわせや運動としてとらえる理論が生まれ、それがまた有徳・天命思想と結びつく。たとえば戦国末の『管子《かんし》』四時篇にみられるように、陰を刑、陽を徳と結びつけ、地上の刑と徳とが調和すれば自然界の陰陽の調和もえられるといった、陰陽と刑徳との相関が説かれるようになると、自然界と地上の関係は一層緊密なものになった。いいかえれば、人間の関与する部分が一層増大をみせはじめることになった。われわれはそれを董仲舒の思想の中に明確にみることができる。

漢代の天譴論

董仲舒は「国家に将《まさ》に失道の敗《しっぱい》あらんとすれば、天、乃《すなわ》ち先に災害を出だして以て之《こ》れに譴告し、又怪異を出たして以て之れに警懼す。尚お変を知らざれば、傷敗乃ち至る」――すなわち、基本的に災異《い》は国家の政治が道を失った結果あらわれ、それを放置すれば廃亡にいたるとしている。さらにそれに陽を徳、陰を刑とする考え方を配し、徳教をすてて刑罰まかせにしたり、刑罰が不当であったりすると陰陽が不調和となって異変が生ずるとし、かつさらに君・父・夫を陽、臣・子・妻を陰に配当して、たとえば臣や夫人が君や夫をしのいだりすると陰陽が乱れて災異が発生するとも考えた。
つまり、周代の天譴論が王の有徳を主としていたのに対し、漢代のそれは、董仲舒にみられるように、皇帝の有徳性をはじめ刑罰の妥当性からさらに臣や皇后、あるいは皇子、また外戚などの越権や横暴までをも視野に入れたものとなり、災異の原因はさらに多様さを増すことになった。

これは前述のように、災異に対する人事の関与部分が増大したと評することができるが、一方このため、災異などの自然現象が一々地上の政治のあり方と結びつけられ、逆に自然現象の人事に対する介入部分が増大した、という見方も成り立つ。

たとえば前漢の成帝の時、それまでの丞相《じょうしょう》制から、大司馬《だいしば》・大司空《だいしくう》・大司徒《だいしと》の三公制に改められると、災異責任が分類されて、日食・流星などの「天変」は大司馬、地震・洪水などの「地妖」は大司空、暴乱などの「人乱」は大司徒にそれぞれ責任が配当された。それぞれに応じて罷免されているし、時にはこれらの責任の配当をめぐり外戚もまじえて政争の原因にもなったりしている。

のちに魏の文帝は、災異によって三公を弾劾・罷免することを禁じ、もっぱらそれを皇帝の責任とする詔をだしているが、唐・宋を通じて、災異の責任が大臣や宦官、外戚の責任とされて罷免や処罰にあったりする例は少なくない。

しかし、こういった状況に、唐代中葉頃から変化がみられはじめ、宋代になるとその変化がきわめてはっきりしたものになる。

唐代における天観の変化

これまで人格的、主宰的な天観が法則的、条理的な天観と並行して存続してきたことを述べてきたが、このことは人格的、主宰的な天観に反対する思想家がその間に存在しなかった、ということを必ずしも意味しない。たとえば後漢の紀元一世紀に王《おう》充《じゅう》（二七ー九七頃）という思想家が『論衡』という書物を著して、人格的、主宰的天観に批判を加え、災異というのは自然の因果関係の中で起るものであると主張し、天譴論に正面から対抗しようとしていた。

しかし、正史の皇帝本紀や天文志《てんもんし》、五行志をひもといてみると、こういった思想家の存在にもかかわらず、実際の朝廷政治の中枢では、六朝から隋・唐、さらに北宋にかけて、天譴論が政治の動向を大きく左右しており、王充のような思想の影響をそこに見出すことはできない。つまり王充の思想は、思想史上、在野の思想として、実際の政治の動向とは区別して考えられねばならない。

これに対して、八世紀後半から九世紀前半にかけての中唐朝の柳宗元《りゅうそうげん》（七七三―八一九）、劉禹錫《りゅううしゃく》（七七二―八四二）の「天説」「天論」は、朝廷の政治の動向と対応しているという点で、つまり王充のような在野の単発的な発言と違って時の政治潮流、もっといえば時代思潮と連関しあっているという点で、注目される。

柳宗元の「天説」は韓愈《かんゆ》の天人感応説に反対して、天地万物の本源は物質的な気であり、万象は陰陽二気の自己運動であること、したがって天が人に賞罰を下すこともなく、天は天、人は人であることを説いたものである。一方、劉禹錫の「天論」は、柳宗元の「天説」が天・人を単に二分しただけのものである不備を補って、天と人との機能のちがいにふみこみ、「万物を生ずる」天と、「万物を治める」人との相応関係を説いたものである。

天についてのこういった議論は、早くには唐の太宗《たいそう》の貞観十一年（六三七）の洛陽宮浸水をめぐって、ある官僚がその水雨の災患を「陰陽の常理」によるもので天譴ではないと上奏した例や、下って玄宗《げんそう》の開元四年（七一六）、蝗害《こうがい》を天譴と考えるグループに対し、ある官僚は官位を賭して責めを負うと抗して、かがり火をたきその周りに穴を掘って蝗《いなご》を撲滅する計を敢行した例、あるいはさらに下って文宗の開成四年（八三九）に発生した蝗害に対して宰臣らが原因となった旱魃を「時数（季節のめぐりあわせ）」と称して文宗を慰撫した例など、いずれも天譴論的な考え方を打破しようとした事例と関連しあっている。すでに唐代には、天譴論を排して、自然災害を「天の常理」「時数」などの自然法則的な因果関係によって説明しようという動きが、底流として強まっていた、とみることができる。つまり、唐代には、朝廷内では天譴論が主流でありつつも、しかしこれと並んで反天譴的な天観も一方で朝廷内で醸成されつつあり、そういった新しい底流の上に、先ほどの「天説」「天論」があったのである。

北宋の天観の変化

宋代に入ると、自然災害を「常理」「常数」「天数」「数」（「数」とは自然の運行や循環における一種の函数のようなもので、いわば自然のからくりである）に帰因させる議論とともに、天と人とを二分する議論が力を増し、一方それに対抗して逆に天人相関を主張する議論も盛んになる。

しかしそのばあい、後者の天人相関の主張は、董仲舒以来の地上の具体事例を災異と結びつけての天譴事応論とは異なる。それは天に対する人（具体的には為政者、とりわけ皇帝）の政治責任の無限性を強調するもので、その政治責任は、天譴を懼《おそ》れるというよりは、人事を尽さないことを恐れるという、いわば人を主体とした責任である点で、旧来の天譴事応論とは異なる。

たとえば北宋の李覯《りこう》（一〇〇九－五九）は、災異を「数」とみなして「徳」を修めようとしない君主を闇主、災異を「徳」によって克服しようとする君主を明主と評価する。一方、水旱の原因として水利灌漑の不備をあげており、ここで災異を克服する「徳」とは、事実上、天に対してどこまで人としての万全を尽したかをその内容としている。同じく北宋の王安石《おうあんせき》（一〇二一－八六）も、一方で天譴事応に反対し、また一方では単純な天人の二分論にも反対し、第三の道として、天に恐懼しつつしかも天譴としてではなく「天下の正理」によって自分の失を考察することを人君の責務と考えている。また同じく北宋の程頤《ていい》・伊川（一〇三三－一一〇七。伊川は号。以下、号によって世に知られている人は号を記す）も、天譴事応に反対して自然災害を「天の常理」に帰因させ、かつ「人事」が常に「天理」に随《したが》うべきことを説いている。

こういった万全を尽す「徳」とか「天下の正理」あるいは「天理」といった概念が、

人格的、主宰的な天に代って政治の枢要を占めはじめたところに北宋期の新しさをみることができる。この新しい天の観念は、天理的な天観と呼ばれるのにふさわしいものである。

天理的天観

ヨーロッパの中世から近代にかけての推移の中でみられる変化の一つに神人の分裂が挙げられる。大ざっぱにいうと、中世にあっては神が自然法則や人の政治世界や社会秩序を司るものとみなされていたのが、近代に入ると、神は道徳領域のこととして人の内面世界に限定され、自然現象は神の意志によってではなく自然法則の中で起るもの、政治世界や社会秩序は人の理性や意志によって構築されるものとされて、道徳、自然、政治はそれぞれの領域に三分されることになった。

中国においてはどうであったか。

いま北宋においてみられるように、中国では、一方で天の人格性や主宰性を斥け、そのかぎりでの天人相関は否定された。かつ自然現象が自然法則的なものともとらえられはじめた点で天人分裂を志向するかに見える。しかしその一方で、天に対する政治の責任や、天理に随うことが強調されるなど、政治と道徳との結合をむしろ深める方向に向った。

「天とは理なり」とは程顥《ていこう》・明道《めいどう》(一〇三二―八五)の語であるが、天を理としたこの天理観の確立こそヨーロッパにも日本にもみられない独自中国的な天観の確立であった。

すなわち天理とは自然法則的な条理であると同時に政治が依拠すべき天下の正理であり、かつ人に内在する道徳的本質でもある。

人は、自然法則の一環として自己に内在する自己の道徳的本質を正しく認識し、それを完全に自己発揮したとき、政治世界や社会秩序は条理に随って安定と調和を得る、という考え方がそこにはある。つまりここでは自然法則と政治・社会秩序と人の道徳性、すなわち自然・政治・道徳の三つは、天理という条理によってひとつながりのものとされ、むしろそのひとつながりの天理に随うこと――宋代ではこれを天人合一という――が最高のあり方とされている。

では天譴論的な天観からどう変ったといえるのか。

たしかに自然・政治・道徳が依然としてひとつながりとされているのは、災異(自然）―天譴事応（政治）―修徳（道徳）においてその三つがひとつながりになっていたのと何ら変化はないというべきだが、しかし、にもかかわらず、中国の政治の中で大きなウェイトを占めてきた自然災害が天の意志によって降されるものではなく、自然の因果関係によるものであり、かつそれは人事を尽すことによって克服も可能であるということがあきらかになったということは、やはり巨大な変化であったといわねばならない。

この天観の確立によって、人々は旧来の運命的な天観、たとえば三～四世紀の郭《かく》象《しょう》（二五二頃―三一二）の君臣の上下関係を自然的、運命的なものとみなすとか、先述の王充の寿命や貧富・禍福を定命的なものとみなすといった考え方から解放され、道徳的完成をめざすみずからの主体的な努力によって、政治・社会の安定がえられ、ひいては災害も人為の及ぶかぎり克服できるという見通しをもつにいたった。

この新しい時代の幕あけが、宋学の興りをもたらすものであったが、そのことについては、あとで別にふれる。ただここでは、君臣の上下関係を手足が上下であるように自然的とした郭象に対して、宋学の集成者で一般に朱子の名で知られる南宋の朱熹《しゅき》（一一三〇―一二〇〇）は、父子天合、君臣義合という新しい考え方を示した、ということにふれておく。つまり朱子は、父子が自然的結合であるのに対し君臣は義によって結ばれた人為的結合であるという。この義とは、また人における天理でもある。ただしこの天理による人為的結合は、人為的といっても契約による自由な結合とは異なり、天来の道徳的本性に基づく結合という点では、その人為性とは天性の実現の努力というかぎりでの人為であるという限定をもつ。

公理としての天理

最後に天理的天観が近代にどう展開したかをみておく。

天譴的天において天は主宰者として皇帝政治の枠外にあって上から譴責を加えたりしたが、そういった主宰的天の皇帝政治に対する優位性は天理的天にも継承される。皇帝といえども天理から外れたばあいには権威がゆらぎ、甚だしきは王朝の存亡さえ危うくなると観念されていた。これは日本の天皇が自己の上に従うべき規範をもたないのとは異なる点である。別の面からいうと、日本で「おおやけ」の最高のところに天皇や朝廷が位しているのに対して、中国では皇帝や朝廷は公なる存在でありつつもう一つ上の天や天下からみると一姓一家の私とされるという相異があるのに対応する。

このように中国の公の最高位層に位するのは天であり、この天の公は、天理の公として皇帝さえもが随順すべき最高位者である。

この天理の公は、近代に入るとしばしば公理と呼ばれるにいたる。この公理は世界中のどの国家や民族も随うべきとされた最高の普遍的規範である。その公理を強く主張した一人が中国革命の父といわれる孫文《そんぶん》（一八六六―一九二五）である。孫文の三民主義（民族主義、民権主義、民生主義）がそれだが、このうちの民族主義は民族の平等と独立という公理を主張したものであった。

平等という観念はヨーロッパ近代思想として流入したものであるが、中国では他面またそれは古来より、天の公に内包されてきたものであることに留意する必要がある。それは右のうちの民生主義にも顕著にみられる。

中国の天には人の生存の「均」的調和という観念が具わっていると述べたが、この民生主義とは、大ざっぱにいえば経済的な平等を志向したもので、孫文の言葉を借りれば四億すべての民がひとしく豊衣豊食することである。

この場合、注意されてよいのは、この経済的平等への志向が、人にとっての自然なあり方であり、また道徳的にも条理として正しいことであり、政治的にも安定したあり方であるとされていることである。つまりこの公理は、自然・道徳・政治をつらぬいており、その道徳性が政治に対して当為としてあらかじめ優位を占めているのである。

この二つの特長は天譴的天や天理的天に共通することである。近代にそれが公理といわれるようになったにせよ、その公理の背景には天の影が色濃く存在しており、その天の影が公理を天の公理として特長づけている、といえる。

天譴から天理へと変化した天は、天的な公理として近代にも生きつづけ、展開していた、といってよいだろう。

第二章

中国の「理」

理という語

理という語は宋学が興って以来、儒教思想の中心の位置を占め、宇宙万物の存在根拠、存在の法則性などを含意する概念である。宋学では理は気（宇宙万物を構成する質料。今でいう元素）に対して用いられる。一方その理が主に人間世界のできごとについていわれるときには天理という語を用いる。この際、天理は人欲という語と対概念になる。ただし理・欲という対概念もあるので一概にはいえないが、理が天理よりも幅広く用いられる概念であることは間違いない。

前章で「天なるもの理なり」という語を挙げたが、宋代以降の理は天の条理性、理法性などを含みこみ、天と並んで非常に高位の位置を占めるにいたった。

もともとこの理という漢字は玉を偏とし里をつくりとして構成されているが、里のほうは単に音を示すだけで意味はもっぱら玉のほうにあり、つまりこれは玉石の紋様のあややすじめをいう。

宋代以前では、理は、唐代に盛行した仏教哲理とりわけ華厳教の理事無礙法界という哲学概念として流布した。それ以前では、単にすじめの意味で用いられるのが一般的で、宋代以降のような哲学的な緊張をはらんだ語としては用いられていなかった。

因みに『論語』には理という字の使用例はなく、やや哲学的な意味をもって用いられたといえるのはむしろ道家においてであった。たとえば『荘子』では理の字の使用例が少なくなく、「万物の理に達する」とか「天地の理を明らかにする」とか「天の理に循《した》がう」などの語をみることができる。これらの「理」は宋学の「理」の先蹤とみることが許されよう。

日本の「理」

ひるがえって日本ではどうだろうか。

一般的にいって日本では理という語は、情に比べるとやや固いニュアンスをもち、

「あの人は理が勝っている」などというときはむしろけなす気分さえ含まれている。

こういったことは現代だけのことではなく、たとえば藤原成元の『古事記燈』には「……人かならず理欲の二つありて、その欲をつかさどるをば神といひ、理をつかさどるをば、人といふ、……もと神道といふは、道理をはなれておもふ所のやむことをえざる道をさしていふ名にて……」云々とある。ここでは「理」とか「道理」とかはたかだか人間の思案や智恵の範囲内のこととされ、むしろそういった人智を離れた「やむことをえざる」自然なはたらきにこそ神がはたらくという考えがあることがわかる。

ここでは理とは理窟だてに近く、じっさい、たとえば『葉隠《はがくれ》』にも、「忠の不忠の、義の不義の、当介《あてがい》の不当介など、理非邪正の当りに心の付《つく》がいや也、……忠の義のと云立上りたる理窟が返々《かえすがえす》いや也」という語がみえるように、理非邪正の弁別や理窟だてを厭《いと》う気分が濃くうかがわれる。これが忠だあれが義だとか、これが奉公人としてふさわしいこと（当介）か否かとか、理窟で弁別してかかるのがいやで、「無二無三に主人を大切におもへば、夫《それ》にて澄《すむ》こと」つまり理窟ぬきで心を尽せばそれでよいというのである。

もっとも「道理」という語は「理」に比べるとやや温和で、「道理にかなっている」など肯定的に使われる場合のほうがむしろ多い。それでもたとえば北条重時の家訓の中に「道理の中に僻事《ひがごと》あり、又僻事のうちに道理の候」(『極楽寺殿御消息』)という語がある。いかに自分に道理があるといってもそれによって人を死なせるようなのは道理の中の僻事(道理に合わないこと)であり、また、逆に筋の通らぬ事態でもそれによって人の命が助かることなら目をつぶって通すのが僻事の中の道理だというのである。つまり、ここでの「道理」は無理に通せば「僻事」になりかねない、その意味では客観性や普遍性をもたない、いわばその場その場の判断に委ねられるもので、中国の理がもつ強い普遍的条理性とはやはり縁遠い。

共同主観という語があるが、日本の理・道理・義理などは、この共同主観に支えられた概念だといえる。共同主観というのは文字どおり個人の主観の間の共同性をいう。これによって説明すれば、日本の理の規範性は共同性よりも個人の主観を強く打ちだして、周りとの協調よりも自己主張が勝ったもの。一方、道理の規範性は、個人の主観よりも他者の主観との共同性を重んじ、自己主張よりも協調を重んじたもの。またついでに義理についていうと、義理の規範性は、共同関係間の一種の貸借勘定で相互に負債なく満足しあうようなやりとりのとりきめである、とそれぞれ説明づけられる。いずれにせよ、それらは主観と主観の間の相互関係内できめられる規範で、主観性が強い（理）か共同性が強い（道理）かの差はあれ、そこに客観的、普遍的な条理性がないことでは共通している。ここに中国の理と比べての日本の理の特質が見出され、逆にここから中国の理の特質はその客観的、普遍的条理性にあることがあきらかとなる。

法と理

こういった中国と日本の理の内容のちがいは、理という観念が置かれる位相のちがいとしてもあらわれる。

たとえば、清朝中葉の戴震《たいしん》（一七二三―七七）は、理の名の下に圧迫されている貧賤者に同情して、「人、法に死なば、猶おこれを憐れむ者あり、理に死なば、其れ誰かこれを憐れまん」（『孟子字義疏証』巻上）といっている。これは、法は人が作り人が裁くものだから間違いもあるし永久的なものでもない、だから法にふれて殺されてもまだ憐れんでくれる者がいる、しかし理に背いて死にいたったとなると、これは非人道的な行為を犯したとみなされるため、誰も憐れんでくれない、というのである。ここではあきらかに理は法に比べて上位にある。

近代に入っても、たとえば中国共産党の初期の指導者である李大釗《りたいしょう》（一八八八―一九二七）は「羣演（社会進歩）の道は、一方にてその秩序を固め、一方にてその進歩を図るに在り、前者は法の事、後者は理の事なり。必ず理の力を以て著《あら》わして法の力と為し、而る后秩序安んず可きと為す。必ず理の力を以てその法の力を摧《くじ》き、而る後進歩乃ち図る可し。蓋し法は腐り易く理は常に新しく、法は滞り易く理は常に進むなり」（「民彝と政治」）といっている。つまり、理すなわちあるべき正しいあり方にむけての理念によって法が作られ、それによって秩序は安定するが、一方その法が腐敗し形骸化したときには理によってそれを打破してこそ社会の進歩がもたらされる、というのである。ここでも依然、理は法に対してより根源的に正しいものとされている。

それに対して、日本には伊勢貞丈《いせさだたけ》の「貞丈家訓」に有名な「非理法権天の事」というのがあり、そこでは「非は理に勝つ事ならず、理は法に勝つ事ならず、法は権に勝つ事ならず、権は天に勝つ事ならぬ也」といわれている。非とは無理非道のこと、権は権威・権力を指すが、ここではあきらかに理は法すなわち世上の掟の下位に置かれている。

似たような発言は「武家諸法度」（慶長二〇年）にも「法を以て理を破るも、理を以て法を破らざれ」とあり、やはり理はここでも法の下位に置かれている。

日本と中国とで理と法の位相が逆になっているということは、日本で近代以後法制が整備したのに対し中国ではそれに遅れたこと、一方、中国では国家について理念たとえば公理に基づいた民族主義が主張されたのに対し日本では自国本位の国家主義がまかり通ったなど、近代期の様相の差異としてもあらわれたことである。

神と理

万物の存在根拠であり法則性でもある中国の理は、ヨーロッパの中世の神とも時に対比される。両者の決定的なちがいは、前者が物に付帯した概念であるのに対し、後者は物を創造する創造者とみなされていることである。

十六世紀に中国に渡って天主教の布教をつとめたマッテオ・リッチは、儒教に対してキリスト教の優れた点を中国人に認めさせようと、漢文で『天主主義』という本を書いた。その中で、神はみずからの力で物を創造する自立者であるのに対し、物の存在法則でしかない理は、物から離れられない点で依頼者にすぎない、と述べている。

優劣はともかく、たしかにこの点は神に対しての理の特長であり、先述の理気の関係でいえば、理は気を離れて自立する存在ではなく、あくまで気に付帯した概念である。

気とは万物万象の構成物質である。その気がたとえば牛なら牛として形成されるとき、それが四足や角をもつのは、牛の理によってそうなるとはいえ、それは理が牛を創造したのではなく、気が凝固して牛の形を形成するときその形成のすじめとしてはたらいているにすぎない。牛の体は牛の理があって羊でも馬でもなく牛の形体をあらわすが、しかし現実に牛という形体があってはじめてその牛の理の存在が認識されるのであり、牛が存在しなければ牛の理も認識しようがない、とされる。

春夏秋冬という四季の循環の自然法則についていっても、たとえばある樹木が花咲き緑茂り、紅葉し枯葉を落とすという変化を見せることによって、それを通して四季の法則性の存在が認識されるのである。何もないところに法則が自立的にあるというのではない。ただし、法則性がなければ開花や紅葉の順が狂い、牛は牛でなくなるなど万物に乱れが生じる。その点では、理がなければ物は正しく存在しえない。そのかぎりで、理先気後ともいわれるが、ただしこの理先気後というのは時間的な先後ではなく価値的先後をいうのである。気の存在しないところに先に理がある、というのではない。

とはいえ、理がなければ万物はその物が物である根拠や法則性、牛が牛であり馬が馬であるという存在の根拠も、梅に梅の花が咲きそれが春に開花し秋に紅葉するという法則性も、一切が失われるという点では、理なければ物なし、ともいえる。そのかぎりでそれは神の存在に類似する、といえなくもない。

古学派の理観

中国では上述のように宋学以降、理は非常に高い位相を占めるにいたるが、では江戸初期に朱子学を導入した日本では、その朱子学の理にどのように対応しただろうか。結論的にいうと、日本の儒者たちは理の性格を知れば知るほど理への異和感を顕在化させ、彼らは朱子学よりはむしろその源流と目される孔子・孟子に回帰することを求めた。伊藤仁斎（一六二七―一七〇五）、荻生徂徠（一六六六―一七二八）らのいわゆる古学派がそれである。では彼らは理に対してどのような見方をしたであろうか。

たとえば伊藤仁斎は「凡そ事、専ら理に依りて断決するときは、則ち残忍刻薄の心勝ちて、寛裕仁厚の心寡し。……己れを持すること甚だ堅く、人を責むること甚だ深うして、……卒《つい》に刻薄の流と為る。専ら理の字を主張するの弊、一にここに至る、悲しいかな」（『童子問』中）といっている。ここでの理は、先ほどみた「理非邪正の当りに心の付」いた理窟だてと同じで、他者を省みない一方的な自己主張というニュアンスが感得される。

伊藤仁斎は「道の字はもと活字、その生生化化の妙を形容する所以なり。理の字のごときはもと死字、……以て事物の条理を形容す可きも、以て天地生生化化の妙を形容するに足らざるなり」（『語孟字義』上、理）ともいっている。ここでは理は、水は低きに流れるとか、木が浮き石が沈むとか、せいぜい物に付随したいわば物理にすぎず、宇宙大自然の不可思議な営みを包括できる概念では到底ないと述べられている。中国での理の概念が宇宙自然の生成運動の条理であることに真向から異をとなえ、生成運動のほうは理ではなくて道であるとしている。と同時に、彼は、天地は「その窮際においては、即ち聖人と雖もこれを知ること能わず、況んや学者においておや」（『同』上、天道）ともいっている。結局、天地生生化化の妙は人智のうかがい知れない世界であるとしていることがわかる。理によって天地生生化化の妙が形容できないというのは、裏返していえば、理が有限の人智のはたらきにすぎず、だから人智の及ばない宇宙大自然の営みはそれによっては計ることができない、というのである。

つまり、伊藤仁斎にあって、理はあくまで日本の伝統的な意味によって概念づけられた、理窟だてとか人の頭の中だけの思案だてといったいわばさかしらな人智のこととされており、天の条理性と結びついた中国の理の概念とは、最初からすれちがっていることに気づく。

事情は荻生徂徠においても同じである。彼もまた、「究理の弊、天と鬼神、皆畏る、に足らずとして、己れは迺《すなわ》ち傲然と天地間に独立するなり。是れ……豈に天上天下唯我独尊ならずや。且《そもそも》、茫茫たる宇宙、果して何ぞ究極あらん、理豈に究めてこれを尽す可けんや」（「弁道」）といっている。つまり、果てしない宇宙をさかしらな人智で究めようなどというのは天上天下唯我独尊の一人よがりだというのである。ここでも理は有限の人智で知られるかぎりのこと、つまりは単なる理窟や議論だてという程度の意味しか与えられていない。

結局、古学派が中国の朱子学の理に対して抱いた異和感というのは、中国の理を理解してのものではなく、日本的な理概念の枠の内でとらえたことによるもので、ここにはかえって中国の理と日本の理の間における差異の大きさというものが露呈している、といえる。

日本では、この章のはじめにあげた『古事記燈』にみられるように、理を人の次元のこと、欲を神の次元のこととする。つまり人の頭のはたらきや意志ではコントロールできない情や欲の世界のほうに、いいかえれば人智や作為を超えたやむにやまれない不可抗力のあるいは不可知の領域のほうに、より根源的な力を見出そうとする傾向があった。それに対し、中国では、人の情や欲を正すべき道徳能力がすべての人に生来具わっている、という条理の存在に対するオプティミズムがあり、その条理に根源的な確信を抱いていたことがわかる。

ただし、そのため、日本では人智のかぎりでの理、つまり人智で認識できる物理学というものが朱子学の格物《かくぶつ》窮理《きゅうり》(物にいたり理を窮める)というテーゼと容易に結合できた。不可知の宗教の世界と可知の自然科学の世界とが截然と二分され、儒学が自然科学の発達の障害にならなかったのである。それに対し、中国では道徳と自然とが連続的に認識されていたため、理が自然科学的な法則性として独立せず、自然科学の発達に遅れをとった、といえる。

天理の二字

宋学の先蹤の一人と目されている程顥《ていこう》・明道《めいどう》に、「吾が学は受くる所ありと雖も、天理の二字は却って是れ自家体貼し出で来たる」(『河南程氏外書』巻一二)という語がある。自分の学には先人や師の学からゆずり受けたところが多々あるが、天理という概念だけは自分で体得したものだ、というのである。理という語は先述のようにすでに先秦の文献にも見えるものだし、天理の二字も『荘子』養生主篇の有名な庖丁解牛の説話の中に見えるものである。庖丁すなわち料理人の丁という男は数千頭の牛を切りわけながら刀に刃こぼれがないという、家畜を解体する名人であったが、その秘密は、牛の骨や肉を切るのではなく、骨や肉の間の自然のすじめやすき間にそって刀を動かしているだけということにある、という話だ。ここで荘子は「天理に依り大郤《げき》を批《ひら》く(自然のすじめに従って大きな隙間に刀を入れて開く)」と、天理の二字を用いている。天理、人欲というセットフレーズでいっても、後漢に編纂された『礼記』の楽記篇に「天理を滅ぼして人欲を窮める者」という語がすでにある。

だとすると程明道は、旧来の天理概念に対して、どういう新しさを発見し、体得したというのであろうか。

結論を先にいえば、この時代には、程明道自身がいった「天なるもの理なり」という、既述の天観の転換が背景としてあり、その転換に触発された新しさを指してそういったのだ、と考えられる。

ではその新しさとは何であろうか。

理気世界観の誕生

北宋に入ると、天観の転換過程の中で、宇宙への多くの新しい見方があらわれた。

邵雍《しょうよう》・康節《こうせつ》（一〇一一―七七）は、『皇極経世書《こうぎょくけいせいしょ》』において、宇宙の時間サイクルを一元（一二万九六〇〇年）の単位でとらえた宇宙運行の循環サイクル論を、『易』の象数論をもとにあらわした。

周敦頤《しゅうとんい》・濂渓《れんけい》（一〇一七―七三）は、『太極図説』において万物の存在の根源と生成の過程を、陰陽五行説を援用しながら図示した。すなわち万物はある創造主によってではなく、実体は気であるところの太極という宇宙の根源の自己運動によって生成する、と考えた。

張載《ちょうさい》・横渠《おうきょ》（一〇二〇－七七）は、『正蒙《せいもう》』において、万物の生成を気の自己運動として、その運動の様相を詳細に論じた。この人は気を宇宙万物の実体として明示し、その運動を、旧来の象数論や陰陽五行説に依拠せず、独自に理論づけたことで著名である。

これらはあるいは道家の影響（宇宙論は主として道家の中で議論されてきた）を受けながら生みだされた理論だが、いずれも宇宙の生成や運動を、ある主宰者の意志によらない、それ自体のメカニズムによる自己運動ととらえている点で共通している。天理概念の新しさの中には、まずこういった宇宙へのいわば自然科学的なアプローチがあった。

上記の三者は理について議論していないが、それを補うように運動の法則性としての理の議論を展開したのが程明道および弟の程頤・伊川、とりわけ程伊川である。

程伊川は理を宇宙の根本原理と考え、形而下界の気の運動の根因として形而上界の理を措定した。彼は『易』繫辞伝の「一陰一陽を道と謂う」というのを改めて、「一陰一陽する所以を道と謂う」とした。つまり形而上の理（道）があるから形而下の気の生成や運動（一陰一陽）がすじめ正しく行われると考えるのである。これは前三者の唯物論的傾向に対し、観念論的傾向が強い。しかし、いずれにせよ、物質としての気と法則性としての理とが彼によって一つの統一をみたということは、思想史的に重視されてよい。つまり、ここに理気世界観といわれるものが、呱々《ここ》の声をあげたといえるのである。

理気世界観の構造

程伊川についていま一つ注目されるのは、彼の性即理のテーゼである。性即理というのは、儒家に伝統的な性善説を発展させたもので、人が天より稟受《りんじゅ》（先天的に受け継ぐこと）した理は、人の性に宿り、それを天命の性（または本然の性）といい、これは絶対に善なるものであるとする。一方、感情・欲望や肉体として存在する人の現実態を気質の性の構成・運動によるとみなし、そこに悪が発生すると考え、気質の悪を克服して本然の性の善をいかに顕現するかを修養の課題としたものである。

唐代までは、たとえば韓愈（七六八―八二四）の性三品説でいえば、性の善なる上品の人と性の悪なる下品の人と性の善悪の混じた中品の人の三種類をそれぞれ先天的なものと想定するなど、人の性の上中下の組成は先天稟受の、したがって改変不能のものとみなされていた。しかし、程伊川のばあいは、すべての人が平等に理を稟受し、つまりすべての人が平等に本然の性を稟受しており、それを顕現するか否かは本人の修養の努力いかんとされているという点に新しさがある。

しかし、性即理説でもっと注目されるのは、宇宙万物の法則的な理が、人間にも内在しており、かつそれが人間の本質でもある道徳性の根拠になっているとされていること、いいかえれば宇宙の自然法則性と人間の道徳性とがひとつながりのものとされている点である。

理気世界観は、このように、宇宙の生成や運動を理と気によって説明するだけでなく、人間の性における善悪のからくりに踏みこんだ人間論でもあり、人の側からいえば道徳的完成（人における理＝天理すなわち天命の性の自己実現）を課題とした実践哲学でもある、という側面をもつ。

こういった道徳的完成は、それ自体を目的とするのではなく、社会の安定を目的にしてのことであるから、道徳上の課題は同時に政治上の課題、具体的には為政層の人格向上から政治の大綱の策定までを含んだ課題でもあり、こうして理気世界観は、自然・道徳・政治を理という一つの観念によって、ひとつながりのものと構想した、という特質をあきらかにする。

程明道がいおうとした天理の二字の新しさとは、おそらく理の、このような自然・道徳・政治を通貫するにいたった、その前代までには見られなかった壮大なはたらきについていいったものと考えてよいだろう。

理のこのような自然・道徳・政治を通貫するはたらきは、ヨーロッパの中世の神が、やはり自然界、人の道徳、政治社会の秩序を左右するものと考えられていたことに似ることから、それを神的な中世的自然法に比擬して、理的世界観も封建的な世界観ではないかと考える向きもある。つまり、社会の上下身分関係が自然的秩序のように不可変のものとみなされるのではないかというのである。

しかし、後述のように、理は時代とともに変化をとげ、近代にはたとえば自由や平等を理として主張する例も出てくるのであるから、理がもつそういった自然・道徳・政治の通貫性を、ただちに封建的というわけにはいかない。

理気論の展開

宋代の理気論が果した役割として強調されるのは、天譴《てんげん》論的な、つまり有意志的、人格的な天観が克服され、代って天を理とするところの自然法則的天が主流になった、そしてその新しい局面に、理論づけがなされた、ということである。

災異（自然）を天譴とみなして皇帝が徳を修め（道徳）、災異に対応する政治を改新するという、主宰的な天観に立っての古代的な自然・道徳・政治の連環に代って、天理による連環の理論が構成されたわけだ。宇宙万物のあらゆる物に理が具わっているということの考え方は、あらゆる物が人間にとって認識可能の可知の物となった、ということである。「天なるもの理なり」とか、のちに朱子が強調した「事々物々に理あり」とかの語は、当時にあっては、世界が人間にとって可知のものとなった、あるいは世界は人間を超えたある絶対者の意志によって動いているのではなく、また人間の知性の範囲を出るものでもなくなった、という人間の認識力に対する高らかな、あるいは喜びの声であった、ともいえる。

前にも述べた理先気後という考え方は、こういった理への信頼あるいは依存の度合の強さを物語るものでもあり、宋代における理は、気に対してとりわけ強い力をもっていた。

先述の程伊川の「一陰一陽する所以」という考え方はその後朱子学に継承されて、「然る所以の故」と「当に然るべき所の則」の二つに分けられ、理の根源的な力を重視する理論づけがなされた。

この考え方は、「当に然るべき所の則」すなわちゾルレン（まさにあるべきこと、まさになすべきこと）としての仁義礼智などの諸道徳律を遵守するだけでなく、そういった道徳を道徳たらしめている根源（然る所以の故）にまで探究を深めることを求めるもので、人は事物はもとより自己を自己たらしめている根源としての理に強くしばられることになった。

修養論に即していえば、気質の性を仁愛とか理義のほうに正しく道徳的に動かすというだけでは不十分で、それをそうさせるべく根源的な本然の性を顕現しなくてはいけない。具体的には気質の性の動きである欲望や感情のゆらめきを静め、いわゆる主敬静坐の方法で、気質の性の奥一層にあると観念されている天命の性を観照するのである。これは現実態としての気質の性を不断に理念態としての天命の性に収斂させようう、あるいは気質すなわち欲望や感情を理すなわち規範に向けて収斂させようというもので、どうしてもリゴリスティック（厳格主義的）なものにならざるをえない。

理観をもったその時代の新しさまばゆさは、また他面、理への探究とその理への収斂とをもたらすものであった。

哲学史の上では、こういった理の優位する状況を理気二元論における理の優位ととらえている。すなわち気の奥に気の運動を運動たらしめている根源としての理を措定するという意味で、理と気は存在論的に二元的である。しかも理は気に対して統御者の立場に立っているという点で優位を占めている、とみなすのである。

こういった理の二元論的な優位性は、しかし朱子学が拡汎するにつれて改変を加えられ、明代に入ると理気一元的な見方へと展開をとげはじめる。

理気一元論へ

理気一元論というのは、これまでの説明にそっていえば、気の奥一層に根源的にあるとされた理から、気の運動のすじめとしての理、つまり気の中にとけこんだ理へと、理の位相が変化したということである。この結果、気の運動を統御する統率者としての理は、気の運動のすじめを正す案内者とでもいうべき地位に代り、気に対して優位者であった理は、気の同位者、いわばたかだかセンサー役に退いた、といえる。

修養論に即していえば、気の運動でもある欲望や感情を無に近くまで静めようという無欲志向ではなく、欲望や感情の動きを自然的なものとして認めた上で、ただその欲望や感情を正しい方向に発揮することをめざすもので、その新しい修養論が明代中葉の王守仁《おうしゅじん》・陽明《ようめい》（一四七二－一五二八）の致良知《ちりょうち》説である。

王陽明は、理を「気の条理」といい、「然る所以の故」としての根源的な理の存在を認めなかったが、心即理説の発展としての致良知説は、理気論でいえば、気をいかに条理正しく発揮するかの学説である、といえる。

理気二元から一元への変化は、こうしてみてくると、人間の現実態としての欲望や感情を重視する方向への動きであった、と理解できる。

これには、明代が宋代に比べて地主的な農業経営や商工業が一段と発展し、経済活動が盛んになったことが背景に考えられる。そしていま一つの理由に、宋代における理への探究の熱意が薄れつつあったことも挙げられる。

宋代には、南宋の朱子の時代にすら、まだ天譴的な考え方は根強くあった。そのため、それに対応して事々物々に理ありと主張する、理についての存在論的な議論も盛んだった。ところが元代を経て明代に入ると、天が理であることも、事々物々に理があるというのもすべて常識となり、課題はむしろ、あるとされる理をどう正しく発揮するかという実践論上の問題となっていた。これは、自然・道徳・政治を理が通貫していることにより、自然は自然の領域として自立せず、そのため事々物々の理への探究が自然科学的な物理の探究に向うよりも、人の行為事例における道徳的あり方の探究に傾斜したことと無縁ではない。

実際にも、明代知識人にとって、経済的な新しい矛盾の中でいかに社会を安定させるかは重要な課題であった。それゆえ彼らは理気一元の方向、すなわち気をもっぱら人の欲望・感情ととらえ、理を社会的規範ととらえての、欲望・感情の正しい社会的発揮の道の探究に、進んで向っていったのである。

因みに元代から明代、特に明代一代には、天命の性（本然の性ともいう）と気質の性の関係を論じた人性論《じんせい》がどの時代よりも盛行した。しかも、性を天命と気質の二つに二元論に分けるのではなく、気質の正しいあり方を天命の性とみなす性一元論が大勢を占める方向に進んだ。時代の趨勢は、人間への関心、とりわけ人間の欲望の調整に向けて動いていたのである。

天理人欲論の展開

こういった欲望の調整に向けての議論は、理と気よりも、人間についてのセット概念である天理と人欲に即して考えるのがよい。

天理と人欲といっても、この二語はただちに規範と欲望の二語に置きかえられるものではない。

たとえば朱子は、「飲食の間、いずれが天理で、いずれが人欲であるのか」と問われて、「飲食なるものは天理なり、美味を要求するが人欲なり」(『朱子語類』一三―二二)と答えている。これによれば自然の本能的欲望は天理であり、ただそれが過度にわたったりあるいは偏ったりするのが人欲という語で表現されたものの中身であることがわかる。朱子は人欲だけでなく私欲の語についても、「私欲は是れ別に箇の私欲あらず、只だ心の偏処便ち是れのみ」(同、二〇―一〇八)とする。すなわち、私欲というカテゴリーがとりたててあるのではなく、心の偏りを私欲というのだ、というのである。こうしてみてみると、少なくとも南宋における人欲・私欲あるいは己私といった語の意味は、現代のわれわれがこの語から考える意味とは大きくへだたったものであることがわかる。

当時は、欲望や感情の動きをいかに中正なものにするか、そのために主敬静坐によって、欲望や感情の動きを抑制し静め、その静謐な状態の中に中正なあり方の根源をさぐろうとしたわけである。

では、欲望や感情を抑えるのではなく、それの正しい発揮を求めた王陽明はどうか。彼は情を含めた心全体に理が具わっているとする心即理説の立場から、さらに一歩踏みこんだ致良知説により、致良知すなわちやむにやまれずほとばしる道徳的心情の無作為の発露をよしとした。逆にいえば、作為的な、たとえば報奨や栄誉の獲得を目的とした道徳行為は彼にとって人欲であり、私欲・己私であった。

朱子と王陽明の間に、天理人欲の概念の上で変化がなかったわけではないが、人欲を道徳的にみて否定されるべき概念としていた点では、両者は共通していた。

人欲肯定的な天理

変化は十六世紀末頃、明末期にはっきりしてきた。そのさきがけとなったのが、李《り》贄《し》・卓吾《たくご》（一五二七－一六〇二）や呂坤・心吾（一五三六－一六一八）である。

李贄はその『焚書』（巻二）の中で、「穿衣吃飯《せんいきつぱん》、即ち是れ人倫物理。穿衣吃飯を除却して倫物なし」といい、呂坤は『呻吟語』（巻四）の中で、「人は吃飯穿衣において、曽って、我の当に然るべきと然らざるを得ざるとを説かず。五常百行に至りて、却って当に然るべきと然らざるを得ざるとを説く。又竟に然る能わず」といった。つまり、前者では、着ることと食べることとの衣食生活すなわち人間生存の必須条件が人倫や物理を思考する上で第一義的に重要なことだ、というのであり、後者では、人間の生存の問題の中にこそ当為すなわち理の問題があるのに、日常起居の礼儀作法や立居振舞の中にのみ理の問題があると思いこんでいるためうまくいかない、というのである。

ここでは単にある個人が過食するか節食するかという個人の食のとり方、すなわち個人の本能欲のコントロールのしかたの問題には収まりきらない、人間の生存欲の充足という社会的な問題が前面に出つつあることがわかる。

社会的調和としての理

果して明末清初期になると、たとえば陳確《ちんかく》・乾初（一六〇四―七七）の「天理は正に人欲中より見《あら》わる。人欲の恰好処、即ち天理なり。……欲は即ち是れ人心の生意、百善皆此れより生ず」（『陳確集』別集巻五）とか、王夫之《おうふうし》・船山《せんざん》（一六一九―九二）の「人欲の大公なる、即ち天理の至正」（『四書訓義』巻三）、「人欲の各々得らるる、即ち天理の大同」（『読四書大全説』巻四）とかの発言が、そのあとにつづきはじめ、ここにいたって、「人欲」

の語ははっきり欲望、それも単なる個人内の本能欲ではなく、社会的欲望としての生存欲、所有欲を含意しはじめるにいたった。

王船山の「大公」とか「各々得らるる」というのは、彼はそれと明言しているわけではないが、当時他の文献の中からほぼあきらかなように、土地所有の矛盾を背景にした生存欲や所有欲間の調整の問題がテーマになっていると考えられ、「大公」とは全体に公平にいきわたった状態、「各々得らるる」とは各自が相互に満足しあう状態を述べていると考えられる。

こういった社会的欲望の調和の問題を正面から説いたのが、清朝中葉の戴震《たいしん》・東《とう》原《げん》（一七二三―七七）である。彼は『孟子字義疏証《もうしじぎそしょう》』の中で、「飲食男女は生養の道なり、天地の生生する所以なり。……是の故、生養の道を去る者は道を賊《そこな》う者なり。細民その欲を得れば、君子その仁を得。己れの欲を遂げんとして、亦た人の欲を遂げしめんと思わば、仁は勝《あ》げて用うべからず（仁は用いきれないほどあり余る）。己れの欲のみ快《こころ》よくして人の欲を忘るるは、私にして不仁」（原善）といっており、自己が生存をとげようとするときには他者の生存をも併せてとげさせるのを仁だといい、それに反するのを私だとしている。

戴震は理を「分理なり」ともいいかえている。彼の議論の重要なテーマの一つは、欲望（生存欲など）間の調節のすじめとしての新しい理観を打ち立てることであった。

人欲という語が偏りなどの意味から欲望の意味を含意するようになり、かつその欲望が肯定された上、欲望のすじめとしての理観が生まれ、やがて明確に自者の欲望と他者の欲望をともに充足させるべき社会的調和のすじめとしての理観へと発展していった、というのが、宋から清にかけての理観の展開のあらすじであった。

ここで注目しておきたいことは、人欲という語が欲望を含意し、かつそれが肯定されるにいたったとき、その反対概念の天理が否定されたのかというとそうではないことである。欲望のすじめとしての天理に転換したのである。つまり、天理と人欲を単純に規範と欲望あるいは日本的な義理と人情の二項対立の構図として固定的にとらえるのは、正しい理解の道ではない、ということである。

さらにこれに付帯して注目しておきたいのは、右に述べた社会調和のすじめとしての理が、依然人にとって天賦の道徳的本質とされていることだ。ここでの考え方から出てくるのは、個々の欲望は相互に調和しあうのが人間本来のあり方で、人間は先天的にそういう調和のための道徳的本質をもっている、というオプティミズムである。

ここでは他者を凌駕するような私的欲望の無制約な追求は人間にとって非本来的な、いわば非人間的な行為と目されるのである。この点では、ヨーロッパの近代政治思想が、私的財産の無制限の自由を基礎にしたのとは全く異なる。

情と理

清代に入ってもう一つ注目すべきことは、人情という言葉が力を占めはじめ、それによって規範としての理がもつ非人情な面が照射されることだ。そのため理が情に近づき、言葉としても天理人情とか情理といった語がしきりに使われるようになる。

戴震と同時代の紀昀《きいん》（一七二四―一八〇五）は『閲微草堂筆記《えつびそうどうひっき》』という怪異談の書物を著し、世間の細事や怪異な話を通じてシニカルに時にはユーモラスに社会を諷刺しているが、たとえばその中にこんな話がある。

ある村に童養媳《トンヤンシー》（幼時に貰いうけ成長ののち嫁にする）いじめの姑がいて、童養媳は実家に逃げ帰ってしまった。その実母は不憫がって他所にかくまってしまったが、裁判沙汰になり、なりゆきを知っている隣人が証人として呼ばれることになった。その隣人が真実をいえばその童養媳は姑のもとに連れ戻され折檻を受け、生命さえ危ぶまれることになる。といって、知らぬ存ぜぬと嘘をいえば離婚に手を貸すことになる。困り果てて神の前でくじをひいたが、ついにくじも出ず、つまり神も決しかねた、という話である。ここでは嫁が姑に仕えるという嫁の理、あるいは童養媳といえどもいったん嫁した場合には女性のほうから逃げ出したりしないという妻の理のいずれも、童養媳が虐待されていることに同情する人情には勝てないでいる状況が描かれている。理はここでは結果的に情にひっぱられていることがわかる。

つまり、社会的調和のすじめとして展開した理とは別の次元の、日常生活の中の規範としての理も、その封建的な色彩のために人情に反しているものがあれば、清代には批判の対象となりはじめていた。もっともそういった封建的家父長的な理が明確に打倒の目標とされるのは、民国期の五・四運動（一九一八年五月四日に起った学生運動）以降のことであるが。

以上、本章では理気世界観の中で特に理観の展開のあらすじをみてきた。ここで確認しておきたいのは、そういった人間界の理は、（イ）道理にかなっていて公正とされていること、（ロ）人間の本質と目され人間性にそっているとみなされていること、（ハ）普遍的にどこでも通用するとみなされていること、の三つを土台にしており、しかもこの三点については通時的に宋から近代まで変っていないことである。

ただ異なっているのは、公正な道理とみなされるものの内実が、たとえば南宋では夷狄たる異民族国家の金を撃破するという中華民族観であったのが、近代では白人の黒人への差別に反対するという民族平等観に変ったり、(ロ)でいえば宋代では寡婦が再婚しないことが人間性の発露とされていたのが、近代では男女平等が人間性の真実といわれたりするなど、時代によって変化していることである。

理が最も近代的に展開した一例は既述の孫文の三民主義である。(イ)(ロ)(ハ)のすべてが彼の主張する公理の中で近代的なものに変っており、中国での理の展開の道筋は、長くて、しかも着実なものであった、といえる。

◉第三章

中国の自然

日本語としての「自然」

「自然」という語は、日常的にもよく用いられる語で意味も多義的であるが、江戸時代にこれが現在のように名詞形で使われていた形跡はない。

安政五年（一八五八）の『和蘭字彙』がNATUURの訳語としてあげているのは、「造物者ニ作ラレタル物」「本体」「造物者ノ力」「造物者」などで、「自然」はみられない。ただNATUURの形容詞・副詞であるNATUURLIJKに「自然通ナル」「自然ノ」などの訳語がみられ、当時の日本では「自然」はもっぱら形容詞・副詞として使われていたことをうかがわせる。

明治六年（一八七三）の『英和字彙』にはNATUREの訳語として「天地」「万物」「宇

宙」「本体」「天理」「性質」「造物者」などにまじって「自然」が入っているが、明治一四年の『哲学字彙』には「本性」「資質」「天理」「造化」などはあっても「自然」はみられず、まだ、「自然」はNATUREの訳語として定着していなかったことをうかがわせる。明治二四年の国語辞典『言海』には名詞としての「しぜん」の一項があるが、その意味は「オノヅカラ然ルコト、天然」で、翌二五年の『日本大辞林』も、「おのづから、ひとりみずから」である。

現在のような名詞形の「自然」が定着するようになったのは明治三〇年代に入ってからのことと考えられる。

われわれは中国語の自然を考えるときに、日本では「おのづから」がこれに対比される概念で、ヨーロッパ語がもつような名詞形の意味をもっていなかった、ということをまず考慮しなければならない。

つまり、われわれが現在無意識に使っている自然界、人間の自然などの名詞形は外来の概念にもたれたものである上、なおひょっとしたらそこに伝統的な「おのづから」の意味が浸透していて、外来語本来の語義からも少し離れているかもしれないと疑うことができる。だとすると、中国の「自然」という語を考えるときには、われわれの側の語義をあきらかにすることから始める必要があるだろう。

ヨーロッパ語の「自然」

まず外来の概念である名詞形の自然の語義を、ヨーロッパ語の中でも特に古いギリシア語でみてみよう。

アリストテレスは『形面上学』の中で、自然すなわちフィジス（physis）が当時どのような意味をもって使われていたかを述べている。それによると、事物の生成因（たとえば植物の種子）、事物の始動因、あるいは物の根源的質料などの意味があったことがわかる。ここにみうけられる傾向は、事物に対して分析的かつ溯及的であるということで、中国や日本の「自然」や「おのづから」が語感としてもつものとは異なることに気づく。

因みに中世のトマス・アクィナスは、『神学大全』において、こういった分析的、溯及的な論理を用いている。たとえば、物が物を生みだすとして、ではいちばん最初に物を生みだしたその物はいったい何によって生みだされたのか。少なくともそこに、みずからは何物からも生みだされることなく、しかもみずから物を生みだすことができる第一始源者を想定しなければ、物の始源に到着することは不可能だ。だから第一始源者、創造者としての神は物に先立って存在するのだ、と帰納的に神の存在を証明してみせている。

われわれが人間の自然という言葉を人間の原初態あるいは本質の意味で使うのは、おそらく自然をこのように始源や根源のところにみるヨーロッパ語の影響を受けてのことだろう。しかし、一方この人間の自然という日本語には人間の原初や本質というだけでは収まりきらない、ある幅広さがあることに気づく。人間の自然というとき、そこには始源、本質のほかに、作為のないすがすがしさ、純粋さとか、人間性の発露したある正しさ、美しさとかが含意されているのである。その語感がどこから由来しているかが問われねばならない。

中国語の「自然」

では中国語の「自然」はどうであろうか。

中国でも物の始源を問う問いがなかったわけではない。『荘子』知北遊《ちほくゆう》篇に、「天地に先立ちて生ずるものあり、物なるが。物を物とするは物に非ず。物出でて物に先立だつを得ざればなり。猶お其れ物あり、猶お其れ物ありてやむことなし」とあるのがそれだ。天地の始源が物だとすると、さらにその物に先立つ物があることになり、それはすでに物ではないはずだ。なぜなら物から生みだされないでしかもみずからは物を生みだすという物は存在しえないからだ。なお、それでも物は太古から今もなお存在しつづけてやむことがない、というのである。ここでは、トマス・アクィナスが神の存在証明に用いた同じ論理で、逆にだから創造者は存在しない、という結論が導きだされている。アリストテレスが、生成因、始動因と想定したものに対し、懐疑的であり否定的なのである。

この問いかけは三〜四世紀の郭象《かくしょう》(二五二頃—三一二)に継承され、彼は『荘子』のこの部分をうけて、「では陰陽が物に先立つのだろうか、いや陰陽も(気の運動だから気という)物である。では陰陽に先立つものは何か。『自然』だろうか。しかし『自然』とは『物の目爾』である。至道だろうか。いや至道とは無である。では物に先立つ物は何か。しかも物がありつづけてやまないとすれば、それは『物の自然』であって、それをそうさせているものがあるのでないことはあきらかである」と述べている。

「物の目爾」とは「物が自《おのずか》らそのようであるありさま」のことで「物の自然」と同

義である。では郭象にあってその「自然」とはどういう意味を含意していたのだろうか。郭象は別のところで「天地は万物を以て体となし、万物は必ず自然を以て正となす。自然なるもの為さずして自ら然るものなり、……為さずして自ら能う、所以《ゆえ》に正たるなり」という。それによれば自然とは誰かの意志によって外からそうさせるものがあるのではない。それ自体の内側の力でそうあるもの。そしてそうあるそのあり方がそのもの本来の正しいあり方であるそういうあり方、を含意しているのである。

ここで、物のみずからの力によるあり方をそのものにとって本来的な正しいあり方であるとする考え方、いいかえれば自然さを本来的な正しさであるとする考え方、特に自然を正しさに結びつけた考え方があることは注目に値する。

なぜなら、自然についてのこの正しさという含意をわれわれは日本の「おのづから」に見出すことができないからである。

日本語の「おのづから」

たとえば本居宣長（一七三〇―一八〇一）は「鈴屋答問録《すずやとうもんろく》」の中で「老子の自然を申すは、真の自然に候はず……、荘周などを始として、自然を尊むといひて、そのいふ事する事は、みな自然にあらず」と老荘家の自然を批判し、「成行《なりゆく》ま丶にまかせて有べき事」を説いている。おそらく宣長は、中国人とりわけ老荘家が自然という概念を用いて哲学的に議論していることを、「自然にそむける強事」すなわちありのまま、おのずからなることに対する冒瀆と感じたのであろう。

ここでやや突飛な例として、宮本武蔵の『五輪書』を見てみると、「道理を得ては道理をはなれ、兵法の道に、おのれと自由ありて、おのれと奇特を得、時にあひてはひやうしを知り、おのづから打、おのづからあたる、是みな空の道なり」という語にゆきあたる。

ここの「おのれと」は「おのづから」と同じ意味と考えてよい。ここでは剱法の道理すら離れ、既得の術法の算段を忘れ、相手の動くままにおのずと動いていくその「おのづから」に剱法の極意を見ていることがわかる。

「おのづから」という語は、「おの・づ・から」の三部分からなる語で、「おの」は自分自身、「づ」は「の」、「から」は人柄、日柄の「から」つまりその物に本来具わっている性質、本性の意味である。結局自分自身に本来具わっているそのありよう、あるいはその内からあらわれでるそのものの本来性、という意味であろうから、武蔵はそういった内からおのずとでてくる動きにみずからを委ねることをよしとしていたと思われる。

賀茂真淵にも「天地とともにおこなはるるおのづからの事こそ生きてはたらく物なれ」（『国意考』）という語が見える。おのづからの事とはまた天地万物の生の営みそれ自体でもある。宣長も武蔵も、結局、そういった、人や物に具わった生命のはたらきに目に見えないある力を感じとっていたのかもしれない。

こうみてくるとわかるように、日本の「おのづから」というのは、作為のないそれみずからの本来性、内からはたらきだすあるはたらきという意味において、中国の「自然」と共通する反面、中国の「自然」が傾向する正しさとか条理とかの方向には向かわない。そこから逆に、「自然」を正しさととらえ、万物が生成するそういった条理のありようにまで拡がるであろう中国の「自然」の特質が、わかるのである。

中国の「自然」の展開

中国の「自然」は正しさ、条理性といったものと結びつくため、しばしば天理や理の語と結びつき、天理自然とか自然の理とか理の自然といった用語が作りだされる。

このため「自然」の展開は、これまでみてきた理や天理の展開と非常に密接にかかわりあうものである。

たとえば、先述した郭象の、君臣の上下を手足の上下になぞらえての「君臣の上下、手足の外内は乃ち天理自然なり、豈に人の為すところならんや」という語においては、君臣の上下関係が人の作為を超えた本来的に正しいあり方とされている。ここでは自然は人の作為によっては改変できない、運命的なものとされている。

こういった運命的な君臣上下の自然は、近世になるとたとえば朱子の「君臣の義は情性の自然に根づき、人の能く為す所に非ず」（『朱文公文集』巻七二）という語へと継承されていく。ここでも君臣の義は自然とされているが、ただしこれは手足が上下であるような、人間の意志にかかわりなく人間の意志を超えてきめられた正しさではなく、人間の情性としてやむにやまれず内から吐露される自然とされている点で、人間にとってより主体化された自然の正しさであるといえる。

朱子は「（和楽の時には食がすすみ哀戚の時には食が咽を通らないという）この二者は皆天理の自然にして然り、真情として自ら忍びざる所ありて、人の強いて為す所に非ず」（同、巻五七）ともいっている。ここでは情性の自然は人の真情としてやむにやまれない感情の動きをいっており、君臣における義の感情もそのような意味で内発的に自然なものとされているわけである。

ただし、ここで気づかれるように、朱子は飲食における情欲の自然と君臣上下のような道徳律の自然とを区別しておらず、要するに両者を作為のない真情という点で一つにみなしてしまっている。

ところが実際には、人間の自然が欲望なのか道徳性なのかは議論されてよいことである。いずれをより本質とするにせよ、この二つは少なくとも区別して考えられなければならない。それが区別されていないのは、道徳的自然とされたものに対する吟味がないということで、君臣の義が真情の自然とされることにより、結果的に人は君臣の義に無条件に拘束されざるをえない。つまり、同じ道徳性でも人の危難をみて同情するという惻隠の情のばあいはたしかに自然の真情といえるのだが、君への忠とか親への孝が果して無条件にそうといえるのか、という問題が残されたままになるのである。

呂坤の「自然」

朱子におけるこういった不徹底さは、十六世紀に入り、人の自然を欲望の自然と道徳の自然に分けて考えるようになるにいたって明確にされる。

呂坤の「人欲自然の私を拂《あらた》め、而してその天理自然の公に順う」という語がそれで、道徳の自然である天理自然に対して欲望の自然である人欲自然という語がここにはみられる。

元来、自然という語はその正しさや条理性という含意のために、天理や理の語とは結びついても、マイナスの意味をもたされた人欲や私などの語と結びつくことは考えられなかったことである。それがここで結びついているのは、前章でも述べた欲望を肯定する社会風潮の高まりによるものである。ただしここでは「人欲自然の私」における自然は、人欲や私を人間にとって本来的なものあるいは正しいあり方として主張するにいたっているわけではない。「拂《あらた》め」という語にも示されているように、人欲の私すなわちエゴイスティックな欲望（生存欲や所有欲）は矯拂されて天理の公すなわち他者との調和に向うことが予定されている。人欲の自然は、そういう意味では未完成の、あるいは正しさに向う途中の段階の、正しさにいたることを予定された自然、ということができる。

それにしても、自然が欲望の自然と道徳の自然とに二元化されたのは、それまで道徳の自然だけを人間の自然とみなしてきた一元的な自然観にとって大きな変化であるというべきであろう。

では二元化された欲望の自然と道徳の自然とは、いったい対立的なものなのか、統一されうるものなのか、という問題がつぎに出てくる。それに答えようとしたのが戴震である。

戴震の「自然」

彼は、「血気の自然に由り、これを審察して以てその必然を知る、是れを之れ理義と謂う。自然と必然とは二事に非ず。その自然に就き、之れを明らかにし尽して幾微の失もなからしむ、是れその必然なり。……かくの如くにして後安んずる、是れ乃ち自然の極則なり。その自然に任せて失に流れるが若きは、転《うた》たその自然を喪《うしな》うものにして、自然に非ざるなり。故に必然に帰してこそ、適《まさ》にその自然を完うす」（『孟子字義疏証』巻上）という。彼は自然を、「血気の自然」すなわち欲望の自然と「心知の自然」すなわち道徳の自然と二元化して考えている。右の文脈でいう自然とはもっぱら血気の自然を指しており、必然といわれているものが心知の自然に近いとみてよい。さてここでいわれているのは、欲望の自然についてそれが失のないように正しさに向わせる、その正しいすじめが理義で、欲望の自然がその正しさにそって発揮されたときその状態は自然の極則である必然の状態になり、このときに調和がえられる。欲望のままに任せて放縦になるのは欲望本来の自然を喪うもので、それは欲望の自然とはいえない。調和の状態にいたってこそ、その自然は全うされるのだ、というのである。ここで特に注目されるのは、最後の「自然に任せて失に流れるが若きは、……自然に非ざるなり」の一句である。

欲望の自然は調和にいたってこそ自然であり、そうでなければそれは自然ではない、というのは、自然についての正しさ、条理性という含意をいま一度明確にしたものだ。ここには欲望といえども必ず人間の本来的な道徳性によって正しいすじめにいたるという、性善説に対する強固なオプティミズムがある。道徳の自然と欲望の自然は、戴震において、「自然の極則」すなわち「必然」に帰するという形で統一されていることがわかるであろう。そしてこのことは戴震一人にかぎられたことではない。実は中国思想に特長的に見出されることなのである。

これはホッブズの『リヴァイアサン』の中の有名な人を狼に譬えた自然法の論議の

くだりを対蹠的に想起させるものである。すなわちホッブズは、人間の欲望を無制限に放縦なものとみなし、それを第一の基本的自然法とした。ただしそれでは相互に闘争とその果てには殺しあいが終わらない。そのため、人は互いにみずからの生命を保全する目的から理性によって他者の欲望を認めあい、そこに調和がもたらされる、その相互の一種の契約状況を第二の基本的自然法と呼んでいる。ここには欲望による闘争－理性による調和という二段階が認められる。これを戴震に比べてみると、戴震のばあいには、欲望が人の自然であるかぎり、それは調和におもむくという段階なしの統一である。ここには私権を無条件で確立しようとするヨーロッパの政治思想と異なり、私権の制限をむしろ調和の前提と考える中国のそれとの相異が露呈している。

こういった中国思想の全体調和を第一義とする特質は、近代の共和思想において私を否定して公すなわち共同性を重視する側面にも示されるが、それについては第四章にゆずる。

調和の自然

ただここで付記しておきたいのは、正しさや全体の調和を含意する中国の「自然」

を現在の時点でどう考えるかということである。

われわれは自然科学というものを客観的、分析的なものと理解しているが、実はその「自然」とはヨーロッパの「自然」概念をもとにして作られたものである。もし中国的な「自然」概念をもとに自然科学という言葉を考えてみたとき、そこには正しさや調和を実現するものという意味が含まれてき、科学の内容も大きく異なったものになると思われる。たとえば人間の運動機能を退歩させるような過度に便利な器具とか、自然破壊をもたらす工業製品とか、公害をもたらす薬品加工などが、自然科学に反するものとして見返されることになるだろう。

あるいは国際法観にしても、たとえば清末の劉師培《りゅうしばい》（一八八四—一九一九）の「法律は天性の自然に基づく、故に自然法という。いずれの国たるかを論ずるなく、その相謀らずして之れを遵法するは、皆人性の初に原づけばなり」（『中国民約精義』巻三）にみられる「人性の初」すなわち人間の性情の自然に基づくオプティミスティックな国際法観がある。

すなわち、人の自然はすべて正しさや調和におもむくのであるから、それに基づくかぎり国際的にも必ず自然法としての国際法によって平和が実現できるという確信がそこにあるのである。ここには国際法は各国の排他的な国家主権を基にするのかそれとも人類的に普遍の正義を基にするのか、というやはり大きな問題が伏在しているのである。「自然」について吟味することを通して、われわれは、旧来のヨーロッパ的な世界観に慣らされた思考の枠組に、別の角度から光を当ててみることができることに気づくのである。

◉第四章

中国の「公」

公とオホヤケ

公の字は音のコウと訓のオオヤケとをもつが、このコウというのは当時の中国語としての発音をそのまま音としたものである。一方、訓のオオヤケは当時日本に存在していたオホヤケという語が中国語の公と内容的に近いと考えられたためこれの訓に当てられたもので、いわばそれは翻訳語である。それはちょうどGodという英語をゴッドと音読するかたわらカミと訓読するようなもので、このばあいカミはGodの翻訳語にすぎないわけである。

翻訳語であるから日本のカミがどこまでヨーロッパのGodと意味内容が等しいか問題が残るであろうように、公とオホヤケが果してどこまで同じであるのかも当然問題にされねばならない。

結論的にいうと、中国語の公と日本語のオホヤケの間にはかなりの差異がある。

オホヤケの語源

その差異を知るために日本語のオホヤケの原義を知る必要があろう。

オホヤケはオホ・ヤ・ケと分解される。オホは大きい。ヤはミヤ（宮）、ウマヤ（馬屋）のヤと同じく建造物の施設。ケは酒（サケ―サカ）にみられるようにカと交替できる語でアリカ・スミカなど場所を示すカと同じ。オホヤケはしたがって、垣によってめぐらされ門などももった広い敷地に立派な建物が存在しているある施設と考えられる。さらに『日本書紀』武烈《ぶれつ》即位前紀の「ものさはにおほやけ過ぎ」の歌の地名（大和国添上郡）としてのオホヤケに「ものさは」つまり物が豊富であるという枕詞がついていることから察して、そこには共同収穫物なり租税なりのかたちで集積された物資や財宝が貯められていると考えられる。一方、『新撰姓氏録』の「大家に居るに依り大宅《おほやけ》の臣《おみ》の姓《かばね》を負う」云々の記述にみられる大宅氏は、先掲の『日本書紀』の歌謡に出る地名をウジ名とした豪族であるが、一般に氏《うじ》としてのオホヤケ（大宅・大家）は、ミヤケ（三宅）が連《むらじ》系の氏族であるのに対して、臣《おみ》系の氏族であると考えられる。以上から類推してオホヤケは、首長を頭にいただいた、ある土着氏族の共同体的機能であったと想定される。

それは時に軍事や土木事業のための財庫でもありかつ共同作業体でもあり、とりわけ農事の拠点として大きな共同体の中枢的機能をもち、宅神祭（ヤカツカミノ祭）のような農耕儀礼もそこではとり行われていた。そしてこの共同体は、一般に共同体が民会によって代表されるか首長によるかの二種であるうちの後者の、首長によって代表される共同体であった。

結局、日本のオホヤケの語義の始源にあったのは、首長性と共同体性の二つの概念であったとまとめることができる。

公の語源

中国では金文《きんぶん》や甲骨文でみられる範囲では、公の字は尊称として用いられる例がすべてで、公はまず首長とかかわる概念から始まったと考えられる。時代が下ると『詩《し》経《きょう》』には公と私とが対になって出てきたり、公堂という一種の共同作業場と考えられる名詞が出てきたりして、何らかの共同体的な概念であることをうかがわせる。

ここまでは日本のオホヤケと語源的にほぼ同じで、さらに後代にも、たとえば中国の公は漢代以降、日本の奈良朝以降のオホヤケと同じく、宮府や朝廷や国家に付帯する概念となる。以上の共通点のためオホヤケが公と同義として訓読に当てられたと考えられる。

ところが中国の公には右のほかにもう一つの意味の流れがある。後漢の許慎《きょしん》（五八頃—一四七頃）の編んだ中国最古の字書『説文解字《せつもんかいじ》』は先秦の『韓非子《かんぴし》』五蠹篇をひいて公を「平分なり」、私を「姦邪なり」とし、当時、公私が道義的な対立概念ともなっていたことをうかがわせるのである。

こういった道義的な概念は『韓非子』より前の『荀子』にすでに「公道通義」「公平」とか「私欲」「曲私」といった語としてみえる。少なくとも戦国末期には、公私は単に首長・共同体概念だけではなく、道義的概念としても一般に用いられていたのである。

このような道義的概念がどのように生まれてきたかはさだかでないが、一つ考えられるのは中国の天観念の公概念への浸透である。その天とは、『荘子』大宗師、『呂氏《りょし》春秋《しゅんじゅう》』、『礼記《らいき》』孔子閒居などにくりかえされる「天に私覆なく地に私載なし」という既述の万物の全体生存性である。

これについては、たとえば『荘子』則陽で「四時は（寒暖の）気を殊《こと》にするも、天は賜（＝私）せず、故に歳《しゅうかく》成る。五官（五つの官職）は職（分）を殊にするも、君は私せず、故に国治まる。……万物は理を殊にするも、道は私せず、故に…為すなくして為さざるなし。……この故に天地なるものは、形の大なるものなり、陰陽なるものは、気の大なるものなり、道なるものはこれが公たり」といわれている。天の四時と国の官職と万物の理とがともに私のないもの、道の公にのっとるものとして相関的にとらえられて、天と政治とが無私という道義性でつなげられているのをみることができる。

ここで想起されるのが、『呂氏春秋』貴公篇の有名な一節、「昔、聖王の天下を治むるや、必ず公を先にす、公ならば則ち天下平らかなり、平らかなるは公より得らる。……天下は一人の天下に非ざるなり、天下の天下なり。陰陽の和は一類のみを長ぜず、甘露時雨は一物のみに私せず、万民の主は一人のみに阿《おも》ねず、……天地は大なり、……万物は皆その沢を被り、その利を得」である。

天下が平らかであるとき天下の万民に恩恵があまねくゆきわたるのは、あたかも天地の恵みが一類一物にかたよらず万物すべてに及ぶのと同じである、ということの一節には、天下が公（公平・公正）でなければならないという、天の公との連関からの天下公思想が明瞭にみてとれる。

おそらくこの天―天下概念が君・国に対する上位概念としてあった中国に、独自な思想状況や、天や道のはたらきを公（公平・公正）とする老荘家の思想の影響もあって、『荀子』『韓非子』などの道義的な公私観が生みだされ、『呂氏春秋』の右の一節ともなったと考えられる。

公には、このほか、おおっぴらという意味もあるが、これは共同体的関係が構成員全体に公開された関係からくるものと考えられる。この意味については公とおほやけとは同義とみられるから、結局、公とおほやけとの差異は、中国の公に「平分」「姦邪」という道義的でかつ二律背反的な原理性があること、それに対して日本のおほやけにはこの原理性がなく、首長―共同体という一つの領域性に終始した概念であるという差異として把握できるであろう。

政治の場でのオホヤケと公

オホヤケを領域概念と呼ぶのは、オホヤケが場の概念であって最終的にその場を超えたものをもたないからでもある。たとえば現在でも生きていることだが、個人にとって町村はオホヤケであるが町村にとって県という単位はもう一つ大きなオホヤケであり、県にとっても国家はさらに大きなオホヤケとなる。このように上下の層にヒエラルヒイづけられながら、最終的には、日本人にとって日本国が最高のオホヤケとなるという構図となる。これは首長についてもいえることで、古代においては天皇が最高位のオホヤケである。たとえば『伊勢物語』の「おほやけのみけしきあしきなり」は天皇のお顔色がすぐれないという意味、つまりここではおほやけは天皇その人を指しており、首長に代表される共同体としてのオホヤケは、ここでは首長すなわち天皇自身を指すにいたる。

逆にいえば日本のオホヤケは最高位のそれとして国家や天皇にいきつく。国家や天皇を最終・最高の場としてそこを究極とし、それを超えたところには出ない、ということである。

それをいうのは、実は中国の例が念頭にあるからで、中国では皇帝を直接に公と称することがない。のみならず皇帝も時には「一姓一家の私」と称せられることがある。そのように皇帝を私とするのは、国家や皇帝の上にさらにそれを超えた天・天下という上位概念があるからである。天・天下という絶対的に公平な概念からすれば皇帝や一王朝のごときも私でしかない。しかもその私というのは領域的な私ではなく、天下を私する、すなわち「姦邪」の系譜の私である。ここには皇帝・朝廷・国家という首長・共同体的な公をつきぬけて、より上位に原理的な公が通っている。つまり、日本のオホヤケのように天皇・朝廷・国家を最高位あるいは究極とするということがないのである。

国家主義のオホヤケと民族主義の公

このことは近代に入ってもナショナリズムが日本ではより多く国家主義、中国では民族主義と通念されたことと無縁ではない。

たとえば福沢諭吉（一八三四―一九〇一）に「諸藩の交際なるもの……藩と藩との付合《つきあい》に於ては各自から私するを免れず、其私や藩外に対しては私なれども、藩内に在ては公と云はざるを得ず。所謂各藩の情実なるものなり。此私の情実は天地の公道を唱て除く可きに非ず。藩のあらん限りは藩と共に存して無窮に伝ふ可きものなり。……世界中に国を立て、政府のあらん限りは、其国民の私情を除くの術ある可らず」（『文明論之概略』巻六）という語があるが、藩の私の情実、あるいは国民の私情というものを天下の公道と対比させて「無窮に伝ふ可きもの」「除くの術ある可ら」ざるもの、としている。彼によれば、藩のためや国のためはその内側からみれば、公《おほやけ》の行為であるが、外側からみれば、他の藩や国に対して自藩や自国の私を主張することになる。その私が「各藩の情実」であり「国民の私情」であるが、そういった私は「天下の公道」すなわち公平と公正とかの名目でなくされたりしてはならず、藩や国のためにはなくてはならぬものとすべきだ、というのである。ここには自国の富強化を第一義としていた明治期の国家主義が顕著にみられる。

一方これに対して孫文《そんぶん》（一八六六―一九二五）の三民主義の中の民族主義は「天下為公」すなわち福沢のいう「天下の公道」を前面に押しだした主義であり、民族の平等を強く主張したものである。

「今日、中国の失われた民族主義を恢復し、四億の力量によって世界の人類の不平等をなくすこと、これこそが我々四億人の天職である」(『三民主義』民族主義)、「欧州各国の人は侵略を主張し、強権ばかりで公理がない。……だからいおう、今後の戦争は強権と公理の戦争になるだろう、と」(同)などの発言がそれである。この民族平等の主張には半植民地国となった中国固有の事情がはたらいているが、しかしその基礎は、公(公平、平等)をよしとする伝統的な「天下為公」思想があることは否めない。ここでは自民族の自立すなわち民族のための公と、世界各民族の平等すなわち人類の公とはひとつながりとなっている。その間に福沢の国家＝公のような他国との対立や矛盾がないことにただちに気づかれよう。

領域的なオホヤケと原理的な公の差異がここにもみられるのである。

公立と公有

つぎに日中の公に共通とみられる共同体的なそれについて差異をみてみる。

日本では公有財産とか公立の施設といえばその公有、公立は官有、官立の意味である。公園、公会堂、公民館というばあいでもやはり官が設立したものというのが実態で、純粋に民間が設立したばあいに公の字を用いることは、まずないとみてよい。

これに対して中国では、たとえば清末の文献に「（アジアが）白人の公有するところとなった」とか「（国民が）政府を公立する」などといった用例がみられ、そこでの公有、公立は共有、共立の意味である。同じく「公産」「公国」というのも、国民の共有財産、国民によって共有された国の意味である。わかりやすい例に宗族の内部で、同じ宗族に属する家族が自分たちの私有田を寄付しあって一種の共同経営田を設け、宗族内の貧しい部分の救済や優秀な子弟の学資に当てたりする例が挙げられるが、こういった共同経営田が公業と呼ばれたりしている。ここの公は民間の私を横に連携させた、つまり私をひとつながりに連環させた公である。日本で公有地や公立施設といえば、私権を排除した官有、官立の意味でそこでの公が私を含んでいないのと対照的である。

これらのことから、同じく共同体的な公においても、日本の公の共同性は、首長・共同の首長が官として残留した官管轄の共同、これをここで官の領域という意味で領域の共同というとすると、中国の公の共同性は、私どうしをつなげたつながりの共同といい分けることができる。

もっとも、公害とか公民とか、日中とも社会を公として使う例が一方であるから、このばあいには右のいい分けには当たらない。

ワタクシと私

ワタクシの語源は必ずしもあきらかでないが、それがあるせまい範囲内にかぎられた内々のことという意味で用いられてきたことはたしかである。究極は一人称単数のワタクシであり、おそらくこれは隠すべきつまらぬ者という卑称からきているのであろう。このせまい、限定されたという意味をよく示しているのがワタクシアメ（私雨）すなわち限られたせまい地域だけに降る雨という語である。一人称単数としての私にせよ、この私雨にせよ、いずれも中国では存在しえない使い方で、中国ならば自己、己、我などで表現される一人称が日本で私で表現されるというのは、逆に日本のワタクシには中国語にみられる「姦邪」といったような悪い意味がもともとないからであろう。

事実、日本ではオホヤケが領域概念であると同じようにワタクシもより大きな領域（たとえば自家族のワタクシに対するムラなど世間のオホヤケ）に対して相対的にいわれるのである。あるオホヤケもより大きなオホヤケの前ではワタクシになるという相対関係がある。このように領域概念であることにより、その存在が原理的に否定されたりすることはないのである。

これに対して中国の私はこの漢字の語形から察せられるようにつくりのムの字を公の字と共有しあっている。『説文解字』によれば、古代では私は禾《のぎ》へんなしのムの字だけであり、公はそのムを八の字に開く、つまりムに背くかたちとしている。ムは『韓非子』では「自環なり」ともいわれ、字形で示されるように囲いこむ形である。つまりムとは排他的に囲いこむことで私はそれに禾へんすなわち作物のへんをつけて収穫物をひとりで囲いこむ意味となる。いずれにせよそこには利己、我私などの悪い意味が含まれており、だから「姦邪なり」といわれる。つまり中国では私はワタクシと同じく、一方で公田に対する私田、公門に対する私門といった、共同体あるいは政府・国家に対する個人、私的領域という意味をもつ反面、一方で公と一対の原理的な概念をもち、その原理的な側面で、存在が否定される。

中国革命（たとえば文化大革命の中での大公無私というスローガン）の中で、しばしば私が公（平等・公正）に対する利己・偏私として斥けられてきたり、あるいは清末にも「国民の公国」すなわち国民が共有する国に対して「朝廷の私国」すなわち朝廷が私物化した国とか、「衆人の自利」に対して「一人の自私」とか、常に革命派の議論の中で私が否定的にみられてきたのは、すべてその原理的側面においてである。

これに対して日本では、逆に明治期以降、いわゆる私小説というジャンルの成立にみられるように自己の内部や自己の家族生活を暴露するかたちで、つまり自己の私的領域をさらけ出すかたちで、社会や国家によって圧迫されている自己を主張したり、あるいは社会の矛盾を暴露したり、社会や国家の非人間的要素を摘出したりしてきた。この私小説の私はオホヤケ―ワタクシと積層されていく（小さなオホヤケが大きなオホヤケの前ではワタクシになるといった）あのヒエラルヒッシュなワタクシとはちがって、自己、家族といった限定された私の領域である。いずれにしてもここには、存在を原理的に否定されない日本のワタクシの特長があらわれている。

ついでにいえば、中国の近代文学の主流は魯迅の文学に代表されるように、中国民族の興亡、民族共同の課題すなわち公＝共同の世界をテーマにしており、いわゆる社会小説といわれるものが大半を占めている。個人の内面世界より社会問題や革命の課題をテーマにした小説が多いのである。

こういったちがいは、両国における個人のありようのちがいともなっており、日本では特に大戦後、おほやけである国家権力が後退したあとに、私的領域としての個人の権利の確立が一歩一歩実現せられてきたのに対し、中国では特に毛沢東革命以後、全体共同の社会主義的な公（典型的にはかつての人民公社）が優先し、個人の権利は現在でも未確立のままとなっている。

天下為公

前述したように、中国の公概念は、（1）朝廷、政府、国家、（2）おおっぴら、の二つの面では日本のおほやけと共通しながら、しかしそれ以外に（3）公正、平等、などの原理性において独自的であった。

こういった公正、平等の公をわかりやすく示したものが『礼記』礼運篇で、そこではこういわれている。

「孔子曰く、大道（りっぱな道）の行わるるや、天下を公と為す。賢（賢者）と能（有能者）とを選び、講信修睦《なかよくむつまじく》す。故に人は独りその親のみを親と（して大事にしたり）せず、独りその子のみを子と（して大事にしたり）せず、老（老人）に終る所あらしめ、壮（壮年者）に用《はたら》く所あらしめ、幼に長ずる所あらしめ、矜（おとこやもめ）、寡（おんなやもめ）、孤（親なし子）、独（子のない一人者）、廃疾者には皆養う所あらしめ、男には分《しょくぶん》あり、女には帰《とつぎさき》あらしむ。貨《ざいか》はそれを（余ったからといって）地に棄つるを悪むも、（かといって）必ずしも己れ（一人に）

蔵せず。力《ろうりょく》はそれを身より出ださざるを悪むも、必ずしも己れ（一人の）為めにせず。是の故、謀《はかりごと》は閉ぢて興らず、盗竊乱賊も作《おこ》らず。故に戸《いえ》を外に（して外出）するも（戸締まりに戸を）閉《し》めず。これを大同と謂う」と。

冒頭に「孔子曰く」とあるが、これは孔子に仮託されたもので孔子の言葉でないことはたしかである。そもそもこの礼運篇は墨家系か、あるいは道家系の思想を汲むものなのか議論の分かれるところで、問題の残るところである。ここではそのことには立ち入らず、ただこういったユートピア思想が、『礼記』の編纂された後漢のはじめの中国に存在していたということ、当時には実際の政治にとり入れられたりはしなかったが、後述のように皇帝のあり方についての一定の規制力はあったこと、この「天下為公」「大同」は清末の変革思想に継承され、康有為《こうゆうい》（一八五八―一九二七）の『大同書』や孫文の三民主義を大同主義と称する議論などを生みだしたこと、の三点に留意しておきたい。

この礼運篇の大同思想が実際に開花したのは清末になってからだが、しかし「天下為公」の公は、それ以前にも皇帝権力に対する一定の規制力としてはたらくことはあった。

たとえば後漢の鄭玄《じょうげん》（一二七―二〇〇）は、この「公」につき「公は共のことで、皇帝位を聖者にゆずり、世襲にしないことだ」という解釈を下した。下って唐の孔頴達《くえいだつ》（五七四―六四八）もそれをさらに敷衍して、「天下為公とは天子の位についていったことで、為公とは聖徳の人にうやうやしく位をゆずり、子孫に私伝しないことで、堯が子の朱、舜が子の均を廃して他人の舜、禹にそれぞれ位をゆずったのがそれに当る」と述べている。この礼運篇の天下為公が皇帝位に関係がないことは読めばあきらかな通りで、これらの解釈は牽強付会というほかない。ただ、前章の『呂氏春秋』の「天下は一人の天下に非ず」という皇帝に対する「公」からの規制にもみられる規制が、ここにもはたらいていることは留意するに足る。

すなわち、漢代から唐代にかけての公正・平等の原理的な公概念は、政治の場では皇帝の政治や皇位継承の公正なあり方にかかわる概念として生きていたのである。

宋代の公

宋代になると政治社会はより開かれたものとなり、唐以前の貴族制的な世襲を主にしたもの（隋から科挙制は導入されていたが補助的、部分的なものでしかなかった）から、科挙を前面に押し出した官僚制へ移行し、政治は皇帝とともに官僚層が全体として担うものとなった。主として皇帝のあり方を指していた公は、官僚のあり方をも指すこととなり、原理的な公は官僚層全体に拡げられた。

朱子が一地方の県知事の身で、中央のある権勢家の子弟が馬を雑踏にのり入れて庶民の子を蹴り倒して重傷を負わせたとき、下吏が権勢をはばかって罰しえないでいたのを叱咜して杖刑を施させたとか、あるいは税務監督官のとき、時の宰相の縁者であった管内のある州知事の不正を弾劾して辞職に追いこんだとか、これらのエピソードは、政治社会における原理的な公が、官僚層の中ではたらいていたことを示すものである。

ただし、その公は行為基準として標榜されたというものではない。当時心ある官僚士大夫の間でめざされたのは、むしろ行為を生みだすもととなるその人自身の内面世界の公であった。

程明道の『定性書』に「天地の常なるは、その心万物に普《あま》ねくしてしかも無心なるを以てなり。聖人の常なるは、その情万事に順いてしかも無情なるを以てなり。故に君子の学は、廓然《からり》として大公、物来《きた》れば順応す」とある廓然大公は、心や情が特定の好悪にとらわれたりせず、天地自然のすじめにそって無心にはたらくことをめざしたもので、この公は裏返していえば心に偏りや過不及の私がないということである。このように、宋代の公は、官僚士大夫層の間に拡がったとはいえ、個々の内面世界においてであり、その公正・平等の原理は社会関係の客観的な規範というよりは、個人にとって主観的な悟りに似た境地であった。

天理自然の公あるいは天理の公というセットフレーズもこの時代以来のものだが、理のところでもふれたように、理としての天命の性（本然の性）を自己のうちにどのように実現するか、どのように道徳的本性において自己を生かすかが、公か否かをきめるものである。公はその意味で理的なあり方それ自体でもあった。自己に理的な生き方が確立されたとき、結果として右にみたような朱子のエピソードとなった、ともいえるのである。

明末の公私

明代に入って社会の経済上の発展が大幅にみられ、明末になって第二章でみたような生存欲・所有欲を肯定する風潮が拡がってくると、それに相応じて私を肯定する議論がではじめた。

李贄《りし》・卓吾《たくご》の、「それ私なるもの人の心なり。人に必ず私ありてしかる後その心見《あら》わる。もし私なければ則ち心なし。如《たと》えば田に服する《こうさくじゅうじ》ものは、私に秋の獲ありて後、治田に必ず力む《のうぎょうつと》」（『蔵書』巻三二）というのが、端的な例である。この私は私的所有欲を指しており、私的所有が満足せられて、はじめて人は仕事にせいを出す、というのである。

では、それ以前までの、天理の公に対する人欲の私という、公私の、つまり公正に対する姦邪という二律背反の関係は、私の肯定によってどう変わるのだろうか。それについてある方向を示したのが、顧炎武《こえんぶ》・亭林（一六一三―八二）である。

彼は、天下に家族ができて以来、自分の親や子をとりわけ大事にしてきたのであるが、このように人に私があるのは、もとより情として免れえないことで、世の君子が「公ありて私なし」といってきたのは「後代の美言」にすぎないとする。そして周代にあったとされる封建諸侯に封土を与えた封建制度や井田法によって民に私田を均等に与えたことを例にあげ、このように「天下の私を合して以て天下の公と為す」ことこそが先王の至訓である、とした（『日知録』巻三）。

つまり、民の私的所有欲や私的領域が、全体として調和をもって充足されるその私と私の調和の状態を公とするのであり、ここにいたって、公は、私なき公から私をとり入れたあるいは私をふまえた公へと発展したのである。

因みにこの時期には、後述する田土配分論が、たとえば黄宗羲《こうそうぎ》・梨洲（一六一〇―九五）の『明夷待訪録《めいいたいほうろく》』によって主張されている。李卓吾や顧炎武の発言には、商工業の進展にともなう私有財産の確立や、地主制的土地所有の進展に基づく土地所有間の矛盾、またそこから出てくる私的所有の要求などの時代背景があった。

清末の公私

このように私を排除するのではなく、むしろ私と私を調和させようといった新しい公の出現は、中国の公の歴史にとって重視されてよい。こういった新しい公に、さらに清末になるとヨーロッパ近代思想の平等観念が浸透し、すべての私の平等な充足、すなわち特定の私（専制君主や大地主、大ブルジョアらの私）を抑制した経済上の平等を実現しようとする、経済的な平等主義が興った。

清末に起った大動乱として有名な太平天国の乱は、キリスト教の平等思想に触発されて、天朝田畝《てんちょうでんぽ》制度という一種の共産制度を、実際には実行されなかったが、主張した。「凡そ天下の田は、豊作の地と荒作の地とが有無を通じあい、こちらが荒作ならばかしこの豊作の地から救援を仰ぐという風にし、田があれば共同して耕し、飯があれば共同に食べ、衣があれば共同に着、銭があれば共同に使い、どこにも不平等のところがなく、どの人も飽暖しない人はいないようにする。」云々といい、「天下人人は私物を受けず、物は上主に帰す。」ともいう。彼らが上主と仰ぐ天父上主皇上帝の下に平等な共産社会の実現を夢想したのである。ここでは自己の私は他者の私とあい通じあうことが前提とされ、他者の私とあい通じない排他的な私は否定されている。ここで否定された私は、宋代の個人の内面の偏りや過不及を私としたあの私とは違い、私的所有を前提にしつつその所有の全体充足を乱す排他的な私有欲である。つまり「天下の私を合して公と為」った公は、他面、その公を乱す新しい私、すなわち排他的な私有欲を否定するという側面をもち、そういった排他的な私が、清末には目立って否定されるようになった。

『大同書』

そういう排他的な私を徹底的に否定して、公一色の、すなわち完全平等のユートピア世界をえがきだしたのが、康有為の『大同書』であった。

そこでは人種の差異、男女の差異をはじめ各国の国境、家族間の壁など、あらゆる差異や区域界は私として否定される。そして育嬰院や養老院が完備され、田地も公有すなわち共同所有となって、人々はすべて公産すなわち共有財産によって生活する、とされる。その序文の中で、康有為は冒頭の礼運篇のくだりをあげて解釈を試みつつ、「ただ天下に公を為すありて、一切は皆公理に本づく。公なるもの人々一の如きの謂にして、貴賤の分なく、貧富の等なく、人種の殊なく、男女の異なし。分等殊異は、此れ狭隘の小道なり、平等公共は、此れ広大の道なり。いわゆる君なく、いわゆる国なく、人人は皆公産に教養せられ、私産を恃まず。……此れ大同の道にして、太平の世にこれを行なう。惟だ人人皆公、人人皆平なり、故によく人と大同す」と述べている。漢唐において皇帝位についてのこととされていた天下為公の公が、ここでは貴賤・貧富・人種・男女の差別のない平等公共のあり方とされており、排他的な私とは、ここでは端的には差別でもあるのである。

多数国民の公と少数専制者の私

清末に、排他的な私として否定されたもう一つに、少数者の専横があげられる。

清末の革命家、陳天華《ちんてんか》（一八七五―一九〇五）は、「吾儕は総体の自由を求める者なり、個人の自由を求める者に非ざるなり。共和なるものまた多数の人のために計りて、少数人の自由を限制せざるをえず。……現政府（清朝のこと）のなす所、一として個人の専制、強横の専制ならざるなく、其の干渉や、以て総体の自由のためにするに非ず、ただ以て私人の自利のためなり」（「論中国宜改創民主政体」）といっている。ここでは個人の自由、少数人の自由とは、個人の専制、少数の強横なる者の専制であり、限られた特権的な私人の自利、具体的には満人王朝の清朝皇帝の権力を指し、総体の自由とは、大多数の漢人国民の共同の自由を指している。こういった「個人」という語を専制者の意味で否定的に用いる用い方は当時一般的にみられたことで、たとえば清末の無政府主義者、劉師培《りゅうしばい》（一八八四―一九一九）に「主権なるものもと国民公共の権なり。……君主なるものは亦た国家の個人なり。豈に個人を以て公有の権利を擅《ほしいまま》にせんや」（『中国民約精義』巻二）とあるのは個人をはっきり君主を指して用いている例である。

ここでは公とは多数者、国民全体などであり、私とは少数者、専制者であるというはっきりとした構図がある。中国の革命はこういった構図の中で、少数者、専制者を個人・私として斥けつつ、多数者、人民全体の利益を公として標榜しながら推進された公革命である。それはその公概念の伝統を継承することにより、当初から社会主義的な傾向をもつものであった、といえる。

この点、私権の絶対的な容認を前提とし、それを守るために政府をつくるとしたフランスの革命思想に流れる私権の尊重や、領域的であることによってかえって個人や家族の領域がおほやけの領域から区別され、そういった「わたくし」領域の拡大の上に資本主義を発達させてきた日本の私権などとは、対蹠的なのである。

孫文の「大同」

こういった中国近代期の反「私」的な特長は中国革命の父といわれる孫文の三民主義思想の中にも濃厚にみてとることができる。

孫文によれば「少数満州人の専制を願わざるが故に民族革命を要《もと》め、君主一人の専制を願わざるが故に政治革命を要め、少数富人の専制を願わざるが故に社会革命を要める」(『三民主義与中国前途』)といわれるが、民族革命の民族主義、政治革命の民権主義、社会革命の民生主義の三つが、少数を専制＝私として斥けるところから出発するものであった。

この孫文にあっても彼のいわゆる「散沙の自由(バラバラの砂の自由)」であるところの個人の自由よりは、四億人という「一つの大きな団体」の自由、すなわち国家や民族が自由をうることが第一義とされる。そして「フランスの自由はわれわれの民族主義と同じである」(『三民主義』民族主義)とさえいわれているように、個人の自由は基本的に国家や民族の命運に無関心なエゴイスティックな行為として斥けられる。彼は「孔子が〝大道の行わるるや天下に公を為す〟といったのは、民権の大同世界を主張したものだ」(同、民権主義)とも、「人民が国家に対して何であれすべてについて共同できてこそ、真正に民生主義の目的に到達できる、これこそ孔子が希望したところの大同世界だ」「民生主義とは他ならぬ社会主義、またの名を共産主義と名づけるもので、即ちこれこそが大同主義である」(同、民生主義)ともいっている。この「大同」とは、少数者の専横、ひいては少数者のエゴイズム一般を否定し、相互の共同利益を図ることを主義の土台にしたものである。彼にあっては、自由は民族全体の自由、権利は専制者を斥けた国民総体の権利、平等は相互の経済的平等をそれぞれ志向したものである。ここには個人の自由とか個人の人権とか個人の私有財産権といった考えはほとんどみられないどころか、むしろ原理的に否定されるべきものとさえされている。

とりわけ注意されるべきことは、民族、民権の中国的な意味での公共の自由とともに、経済の平等がやはり公の名の下に主張されていることである。

「吾が党は（個人の発財ではなく）人人の発財を欲する。……もし君が真に（個人の）発財を欲するならば、必ず人人発財によってこそ真の発財の目的は達せられる」（「党員応協同軍隊来奮闘」）というように、「個人の発財」すなわち個人の経済的成就は、「人人発財」すなわち人々全体の共同の経済的成就の中でこそ達せられるという考え方は、民生主義の基本をなすものであり、それは彼のいうように社会主義、共産主義の共同性と同じものであった。

民生主義の骨子である平均地権（土地の値上り分を国家が吸収する）という考え方は、黄宗義の田土配分論にもうかがわれる伝統的な（孟子の井田論以来の）田制論の流れをくむものであるとしても、こういう論議を容易に生みだす土壌に、伝統的な公正・平等の公概念があったことは否めない。

◉第五章

宋学の興り

宋学とは

宋学とは、広義には宋代の学問思想ということになるのだが、狭義には、南宋の朱子学および北宋の思想の中の朱子学につながる流れを特に宋学と呼んできている。そのためこの宋学は、朱子学の特長に基づいた呼称ももち、たとえば朱子学が理を重んじているところから理学とか、あるいは性即理のテーゼによって人性論と理気論とを結合させているところから性理学とか、道徳を重んじたところから道学と呼ばれてきた。

具体的には、朱子が編纂した『伊洛淵源録《いらくえんげんろく》』に集録された思想家たちの系譜がその狭義の宋学の淵源と目されている。伊洛というのは黄河の支流の洛河《らくが》と伊河《いが》のことだが、伊河に沿う河南省の嵩県に生まれた北宋の程顥《ていこう》・明道（一〇三二―八五）、程頤《ていい》・伊川（一〇三三―一一〇七）の兄弟が洛陽を中心に活動したのに因んで、ここでは二人の学問思想をいう。朱子はこの程兄弟（一般に二程、二程子などという）を中心に、二程子が師事した周敦頤《しゅうとんい》・濂溪《れんけい》（一〇一七―七三）をはじめ、その交友や門弟を集録しており、この二程子の学と朱子学との深い結びつきに因んで狭義の宋学を程朱学と呼ぶこともある。

一方、濂・洛・関・閩《びん》の学という呼称もあり、濂溪（湖南省）に生まれた周敦頤、洛陽（河南省）で活躍した二程子、関中（陝西省）で生まれた張載《ちょうさい》・横渠（一〇二〇―七七）、閩中（福建省）で生まれた朱子つまり朱熹・晦庵《かいあん》（一一三〇―一二〇〇）の学を指す。このうちの朱子を除く北宋の三氏は、朱子らの編集した『近思録』にその遺文が集録されて後世に広く流布しているところから、この三氏及びこれに邵雍《しょうよう》・康節（一〇一一―七七）を加えた思想家たちを狭義の宋学の淵源とみなすこともある。そこでわれわれは、ここでは、北宋の邵雍《しょうよう》、周敦頤、張載、二程子から南宋の朱子にいたる流れおよび朱子学に連なるグループを狭義の宋学と理解しておこう。

なお宋代を、北宋、南宋と南北に分けるのは次の歴史的経過ゆえである。宋朝がその半ば頃に女真族の建国した金に北部を侵された際、北部の黄河流域沿いにあった首都汴京《べんけい》（現在の河南省開封市）を南部の揚子江南の臨安（現在の浙江省杭州市）に遷して、元朝に滅ぼされるまで大陸が北部の金（一一六一—一二三四）と南部の南宋（一一二七—一二七九）とに二分される状態がつづいた。この南宋との対比からそれ以前を北宋（九六〇—一一二六）と称するのである。

宋学の興りの背景

以上の狭義の宋学に対して、時代や社会の変化を全体的に見わたす広角的な視野から、広義の宋学をみてみたらどうであろうか。

たとえば北宋には司馬光《しばこう》（一〇一九—八六）とか王安石《おうあんせき》（一〇二一—八六）、蘇軾《そしょく》・東坡《とうば》（一〇三六—一一〇一）らがいるし、朱子と同時代の南宋には心学とよばれる陸九淵《りくきゅうえん》・象山《しょうざん》（一一三九—九二）や功利派とよばれる葉適《しょうてき》（一一五〇—一二二三）らがいる。それぞれが宋代という時代の思潮の形成に大きな役割を果しており、これらの全体を一つの広い視野の中に収められる見方をしてみたらどうであろうか。

そのためにはまず北宋・南宋を通して宋代という時代の特長を考える必要がある。

宋代は、間に五代という一種の戦国割拠的な時代をはさんで、その前の唐代との間に非常に大きな変動をみせた時代で、この変動は歴史学の分野では唐宋変革期と呼ばれている。

中国は秦の始皇帝（BC二二一―二一〇）以来、皇帝を中心とした中央集権的な官僚制体制が成立し、それが漢から清まで二千年余にわたってえんえんとつづいているとみられているが、実はその間にいくつかの歴史変動期がある。その中でも最も大きいのが、この唐から宋にかけての変動である。

まず社会的にみると、秦から唐までの王朝は、基本的に諸豪族を基盤にした、いわば豪族連合の上にのっかった王朝、とくに六朝以降はそれが爵位をもった貴族制として世襲の門閥が勢力を占めていた。それに対し、宋代は貴族制が消滅して、新興の地主層が抬頭し、在地の勢力となった時代である。その結果、政治的には、隋・唐代が門閥的な官僚制を主とし、科挙の試験は非門閥出身者のための補助機構でしかなかったのに対し、宋代以降は地主層の出身者が実力で全面的に科挙の試験に依拠しながら登場してくる非世襲の官僚群による中央集権制の確立をみることになった。

経済的にも、貨幣経済が大きく進み、商工業や都市の発達をみ、鉄の農具が安く大量に生産されるようになった。農業の生産力が増大し、外国貿易も大いに盛んになった。

文化的にも、この時代には書籍の印刷が普及しはじめ、十一世紀半ばには活版印刷も発明され、石炭やコークスの普及により製陶業が盛んとなり、美しい陶磁器が生産された。茶器の普及から茶の産業が発展をとげ、また火薬を発射する筒型器械の発明とか、羅針盤の利用とか、対外活動や知識人・庶民の日常生活の上で、さまざまな新しい変化が生じた。

思想史の面からみると、第一章に述べた天観の転換が起り、有意志的、主宰的な天観から自然法則的、理法的な天観へと転じ、人々は、基本的に、人間の力に依拠して社会秩序をつくり、天は道徳の根拠とみなされるにとどまるにいたった。

王安石の改革

こういう時代の変化の中に登場してきたのが王安石である。彼は青苗《せいびょう》法や市易《しえき》法など次々と新しい政策を打ちだし、それを世に新法と称する。青苗法というのは、春の植付期に銭や穀種を農民に貸しつけ秋の収穫期に返還させようというもの。市易法というのは、商人に資金を貸しつけ、商品の流通をよくしようというものである。いずれも政府が一定の利息をとって行う貸付であるが、利率は地主や豪商らが貧農や零細商人からとっていた貸付利息よりは低利におさえられたものであったため、農業や商業の振興策としては評価できる政策といえる。

しかし、一方でこれは地主や豪商の貧農や零細商人に対する支配力を弱めるものである上、国家の経済市場への強力な介入という面ももったため、地主や豪商らの強い反対にあうことになった。その反対者の代表的な一人が『資治通鑑《しじつがん》』の著者として有名な司馬光で、彼は王安石の失脚後に宰相となると新法を次々と廃止し旧法を復活したりした。新法の推進派を新法党、反対派を旧法党と称するが、新旧両党の抗争は約五十年もつづいた。

新旧両党の抗争の原因については、今後も研究がすすめられる必要があるが、大づかみにいって、新法があまりに強く国家主導型で、民間の地主、小作の関係とか商人間の流通ルートに介入するものであったことが、原因としてあげられるだろう。

たしかに王安石は、たとえば科挙の試験科目についても、唐代には主流を占めていた詩賦《しふ》や注疏《ちゅうそ》の学を退けて、経義や策論すなわち経世の理念や方策を重視する方向を打ちだした。そして唐代以来の門閥依存の遺制を廃して名実ともに実力本位の官吏登用の道を確立するなど、強力な官僚体制、強力な皇帝制中央集権国家の建立をめざした政治を実施した。青苗法や市易法などをめぐって新旧両党の軋轢はあったにせよ、彼のめざした国家体制はその後清朝まで継承されたのであり、その意味では彼はのちの国家体制の大枠をつくる上で、歴史的に大きな役割を果したといえる。

新しい体制秩序観

ここで留意しておきたいことは、王安石とその対立者であった司馬光や二程子らの間に、基本的には、自然法則的、理法的な天観が共有されていたことである。たとえば、蝗害に対する唐代の対応ぶりについては第一章で述べたが、王安石はこの蝗害について、これを天譴とするどころか、地方官の処理事項で皇帝の干与する問題ではないとした。その合理主義的な姿勢は、周りから「天変畏るるに足らず」とする傲岸な態度と非難されたりしている。彼らは合理的な天観を共有しあっていたのである。

また王安石が試みた科挙の改革はこの後も継承されているし、このほか、彼が意図した科挙の試験における経義の統一も、のちには朱子学の経義による統一として継承されるなど、めざすべき新しい体制秩序の基本方向については、むしろ一致していた。ではどこにあれほどの対立の要因があったのか。

一つの示唆的な材料として、後世、清代初期に王安石の青苗法と、朱子が発案した社倉《しゃそう》法とを比較して論じているのがあるので、それをみてみよう。青苗銭は県が貸しつけるのに対し、社倉の穀物は郷が貸しつける。青苗の出納は官吏が掌《つかさど》り、社倉の出納は郷人士君子が掌る。青苗法は富国を意図しているのに対し、社倉法は救荒を意図している、などと対比させている。社倉法というのは豊作で穀物が安価な時に備蓄し、端境《はざかい》期や荒作の時に低利で貸しつける制度だが、朱子はこれの運営を「士君子」中心の郷村共同体に委任し、郷村における地主、自営農、小作人らの間の階級秩序を重んじる方向を打ちだしている点で、王安石と対蹠的であることがわかる。

結局、朱子は王安石と同じく皇帝制中央集権の官僚国家体制を志向しながら、その官僚制の末端には地主層の権益を認めた郷村共同体を設定しているのである。王安石がそういった郷村共同体に顧慮しなかったのと、はっきり異なるのであり、新法・旧法の対立の根底にはこのような路線上の対立が横たわっていた。

こうみてくると北宋という時代は、政治的には、前代までの貴族制的体制を改変して、官僚制中央集権国家の枠組をつくりつつ、社会的には郷村の共同体秩序を新興の地主層を中心に形成しようという過渡期にあることがわかる。そういう過渡期の対立の中に、周・二程・張らの濂・洛・関の学問はあり、彼らは天を理法として認識する点では王安石と共通の場に立ちながら、郷村共同体秩序を認めるか否かということの点では、はっきり前者の立場に立つグループであったことがわかる。

郷村共同体秩序を認めるということは、彼らが秩序維持をもっぱら民衆の道徳性に依存し、そのため民衆の道徳教化や道徳性に基づいた相互規制、扶助関係を強める方向に向ったことと関連する。このため彼らはのちに道学派といわれるように道徳重視の色彩を強くもったのである。これに対して王安石は、その国家官僚による郷村規制の方向から、もっぱら法を重視する立場に立ったのである。道徳か法かという点でも両者の対立はあった。

こういった対立の構図がはっきりしてくるのは南宋の朱子学の形成を俟ってのことである。北宋の段階では、対立は明確な構図のないある種の混沌の中にあった。宋学の興りは、唐宋変革期における過渡期の過程であった、と理解できるのである。

朱子学の形成

先ほど清代初期に青苗法と社倉法を比較した例をあげたが、実はほとんど同じような比較を朱子自身もしている。そのような比較の観点が、清代初期までつづいていることのほうを、ここでは注目しておきたい。王安石は、元・明・清を通じて、一貫して朱子との比較の上で劣位におかれて批判の対象とされている。逆にいえば朱子が後世の評価の上で、王安石に対して一貫して優位に立っていたことが、改めて注目されるわけである。

そこで朱子学の特長だが、まず第一は二程の学をうけた、「天は理なり」とする自然法則的、理法的な宇宙観と、周敦頤の学をうけての「太極」を宇宙の根源とみなす宇宙生成論、張載の学をうけての宇宙の質料を「気」によるとする宇宙構成論など、合理的な宇宙観をもっていること。第二に、政治の原理を法治ではなく道徳治に置いていること。第三に、皇帝制中央集権的な官僚制を志向しつつも、その基盤として郷村の地主制的秩序の確立をめざしていたこと、の三点があげられる。この三点のうち、第二、第三点の二点が王安石と対立した点であり、朱子の優位性の根拠もここにあったわけである。

じっさい、元・明・清の三代を通じて、地主階級はその経済的力量を時代とともに増大していく。地主制的秩序は時代が下がるにつれて強化されていくのである。それにともない、宗族などの血縁共同体における宗法、郷村の地域共同体における郷約など、共同体的な倫理は時代とともに重視され、儒教の孝悌すなわち上下的秩序倫理がその共同体倫理の軸として活用されていく。朱子学はそういった後代の推移を早い段階で先取りしたものであったことがわかる。

ひるがえって狭義の宋学の先縦とされた二程や張載をみよう。彼らはすでにその当時において宗法の重視すべきことを述べているなど、やはり後世からふりかえって時代を先取りしていたと評することができる。結局、狭義の宋学すなわち端的にいって朱子学の形成は、唐代までの旧体制を変革しつつ、来るべき元・明・清の時代をきりひらいていく上で、最もよく時代の要請にこたえた思想体系の形成であった、といえるのである。

そういう見方からすると、功利派と目された葉適らは、道徳よりももっぱら民生を利する政策を熱心に論じた派である点で、歴史的役割は限られたものであった。すなわち彼らの民生策は、明・清の官僚層の民生策として継承されたものではあるが、民生策ももちつつなおその上に道徳的民治観をもっていた朱子学の総合性に比べると、一歩ゆずるものがあるといわざるをえない。

朱子学の哲学的特長

朱子学は政治の学であると同時に道徳の学であるが、同時に一つの哲学体系でもある。まず先にも述べたように合理的な宇宙観をもった学である。宇宙の組成を気によって説明するのだが、具体的には、気が宇宙の現象や万物の生成を実質づけているとともに、その現象や万物すなわちあらゆる気体や液体、固体の生成、運動を条理づけているものとして理を想定するのである。宇宙のすべてを理気による構成とみなす理気世界観をもっている。

人間において理は後述の本然の性として宿っているとされる。そのため性即理のテーゼをもつが、人における本然の性は、人間が宇宙秩序としての理に最もそったあり方、すなわち道徳的に完全なあり方とされ、それの完全な発現が求められる。

朱子学にあっては、理気論において理が常に重視されている。これは天を理として認識することにより、前代までの、というよりは宋代にもなお影響のつづいていた天譴的な天観を払拭しようとする意気ごみのあらわれでもある。その理の重視が性即理として人間における道徳的完成と結びつくと、後世批判されたような道徳的リゴリズムを生みだす傾向なしとしなかった。

この理気論は、人間論としては理としての本然の性と気としての気質の性という性における二元的な理解を生みだす。この人性論は張載や二程をうけついだものであるが、朱子は悪を気質の性の混濁であるとし、その混濁を透化して全き善であるところの本然の性を顕現させれば、人は誰しもが聖人になれるとした。

学ぶことによって聖人になりうるという考え方はすでに周敦頤に見られたものである。唐の韓愈は聖人を超越的な存在とみなしていたわけだから、人を聖人性において平等とみなした宋代のこの見方は画期的であるといえる。

ここから朱子学は、理気論、人性論とともに修養論をもつにいたる。その道徳修養への意気ごみは、同時代の人々の目には「矯激」なものにさえ映った。

具体的な方法論としては、格物窮理と主敬静坐が挙げられる。あらゆる事物に理があるという前提から、事物や事柄に本来あるべきとされた理を探究し、とりわけ日常的実践の上に理を窮めるべく、経典などの読書を通して聖人の道を学ぶ格物窮理の方法は、他面また事物に対する客観的な認識の道を開くものでもあった。

同時代の陸九淵は、当時心即理のテーゼを打ちだした。宇宙事物を貫く理法はひとつながりのもので、それは心に貫流しているものであるから、わが心の内に宇宙の理法を観照すべきものとしたのである。その主観的な実践方法は、わが心を主とする点で主体性は強められたが、客観性に欠けたため、哲学としての影響の面では朱子学にひけをとった。

ただし朱子学にも主敬静坐の方法がある。これは気質の性の動揺や混濁、すなわち感情や欲望の動揺を静め、心を静謐にして奥一層にあるとされる本然の性の顕現を図ろうというもので、この内面観照の方法は陸九淵の実践方法にあい通ずるものがある。

このような方法論のため、朱子学は読書と静坐を重んじることになる。一般の庶民の生活とはかけはなれた、士大夫《したいふ》や知識人あるいは官僚層の学にならざるをえず、儒教が民衆の間に広まりかけた明代になると、このような修養実践は「道学先生」の迂遠な生活態度としてからかいの対象となった。

しかし、南宋の時代には、朱子自身が「一たび剛毅正直、守道循理の士が出現すると、道学の人と指さして口々に排撃し、さらに矯激という罪名を加えた」と述懐しているように、道学の名は道徳実践の上で妥協を許さないある種の過激さを指しており、腐敗したり利己的であったりしている官僚には煙たい存在であったことをうかがわせている。

それは、見方をかえていえば、新しい天観に立った人々が、人間主義的な見方を獲得し、社会や政治上のあるべきあり方を人間自身の力で、具体的には人間の聖人性を信ずる道徳主義的な人間観に依拠して、理想を実現していこうとする、いわば時代の新しい息吹きがそこにあった、ともいえるであろう。

◉第六章

宋学の展開

日本における朱子学の展開

ここで宋学の展開というときの宋学は、南宋に成立した朱子学を指す。元、明代へと流れた宋学の中には陸九淵のいわゆる陸学もあるが、もっとも大きな力をもったのが朱子学である。元代に科挙の試験が復活した時、朱子の四書（大学・中庸・論語・孟子）に対する注解が統一された経義としてとり入れられた。以来朱子学は明・清代を通じて体制教学としての地位を保った。そのため、その後世に及ぼした影響は宋学の中でもぬきんでて大きなものがあったのである。それゆえ、ここでいう宋学はもっぱら朱子学を指す。

ただし、中国にあっては朱子学の展開は、そのまま陽明学の興りに連続する面もある。中国国内での展開については次章にゆずることとし、本章では東アジアへの展開、具体的には日本への伝播に集点を当てて、その展開の様相をみてみよう。

最初に一つのエピソードを紹介しておきたい。

慶長二年（一五九七）に豊臣秀吉が朝鮮に再出兵したいわゆる慶長の役の折、藤堂高《とうどうたか》虎《とら》の軍隊が一人の朝鮮官僚を捕虜にした。その名を姜沆《カンハン》（一五六七—一六一八）といい、代々高名な儒者を輩出している名門の知識人であった。彼はそのまま日本に拉致され、藤堂家の領地である四国の松山に抑留されていたが、翌年には伏見に移送されて軟禁されていた折に、藤原惺窩《ふじわらせいか》（一五六一—一六一九）と知りあう。惺窩は姜沆の学識を深く畏敬して朱子学について教えを乞う。姜沆のほうも、他の荒々しく粗野な武士たちとは全く異なる惺窩の修学ぶりに「日本国にこの人あるか」と驚き、相互に敬愛しながらの交遊がもたれた。この時、二人の間には日本軍の朝鮮における残虐行為を非とする共通の認識があり、また儒教の道徳によって社会が治まっている状態を理想とする共通認識があった。注目されるのは、その中で、惺窩が、各国の風俗言語がそれぞれ独自であることを認めつつ、その上で「理の在るや、……此の邦亦た然り、朝鮮亦た然り、安南亦た然り、中国亦た然り」と、理の存在の普遍性を信じていたことである。

そこには、東アジア世界における各国の個別的独自性と相互的普遍性の関連の問題、あるいはナショナリズムとインターナショナリズムの関連の問題がある。それまでは、たとえば日本と中国との関係でいえば、中国の文化が一方的に流入してきて、それにふれた日本人は、追随するか反撥するかしかなかった。両者をそれぞれ相対的に対象化して、相互の独自性を認めあうといった視点は稀薄であったと思われる。それゆえ惺窩と姜沆の間に生まれたこの相対的な観点の存在は、日本への朱子学の受容を考える上で、注目されてよいのである。

日本の朱子学受容

江戸幕府創成期に、徳川家康の政治観もあって、藤原惺窩やその門下の林羅山（一五八三―一六五七）の手によって、政治道徳の学としての朱子学が受容されたのはよく知られている。実は当時十七世紀初頭の中国では、第十章で述べるような、李卓吾とか黄宗羲らの、欲望肯定や君主批判など、時代を画する新思想が興っている。常識的に考えればそれが流入してきてもおかしくない状況があった。当時の中国では朱子学よりも陽明学の流れのほうが影響が広く、朱子学はむしろ批判の対象とされる傾向があった。

　だから惺窩や羅山らが、同時代の中国のそういった新思想よりも、あえて四世紀も前に興った朱子学に関心をもったということは、特異なことと考えられてよい。というのは、それまでの中国の文化の日本への伝播は、ほぼ同時代の中国の文化がそのまま水が高きから低きに流れるように流入してくるのが通例であったからである。惺窩や羅山らのこういった選択の意志のはたらいた受容は、受容の側の主体性を印象づけるものである。

　もっとも朱子学自体は、すでに十三世紀、すなわち朱子学が興った時期に日本に流入している。以来五山の禅僧や博士家の間で読まれつづけてきた。惺窩はそれを継承したにすぎないという面もあるが、この朱子学が羅山の手を経て、やがて林家が大学頭として世襲的に幕府の文教政策の一端を担うようになった後の推移からすると、江戸初期の朱子学受容はそれ以前とは歴史上の意義を異にするというべきである。すなわち、鎌倉・室町時代に禅林や博士家の間に伝えられていた朱子学は、せまい知識人の間での教養の学あるいは思弁の哲学としてのものであった。それに対し、江戸期の朱子学は政治の表舞台に登場し、やがて古学派によって解体されながら、そのためかえって一般民衆層へも浸透していった道徳教学としてのものであった。その存在意義がはっきり異なるのである。

受容する側からいえば、鎌倉・室町時代の朱子学の受容は、同時代の中国に盛行した文化の無作為の流入現象であったのに対し、江戸期の受容には、それを必要と認める主体的な動機があってのことで、その意味でそれは作為的、意図的な受容であったといえる。

いいかえるならば、江戸期の朱子学の受容の根底には、日本の社会の独自性が介在している。その独自性に立っての受容であったからこそ、のちに古学派によって乗り越えられていくという道筋をたどったのである。

近世社会の特質

ではその社会的な独自性とは何であろうか。それは戦国の戦乱が収まり、文治を枢要としはじめたという江戸社会の独自性であるが、その根底にあるのは、応仁の乱以来の戦乱を経て、日本が近世社会に入ったという時代の変化である。

端的にいえば平安時代以来の貴族制社会が完全に消滅し、基本的に平民の社会に入ったのである。平民の社会といっても武士は世襲の支配的地位をもって農工商の民に臨んでいたわけだが、ただ留意されるべきことは、戦国武士が貴族ではなくもともと在地の有力農民からのしあがった豪族であり、彼らには貴族社会にみられる門閥はなかったということである。つまり江戸時代には武士階級という特殊地位を獲得したものの、もとはといえば農民と同一の基盤にあったという意味で、基本的に平民の社会といえるのであるが、この社会の特長は、支配の原理が、血統とか呪術的な力などではなく、武力や政治力に基づけられていることである。

この時代には貴族社会の荘園は消滅し、農奴は自作自営農民となって村落を形成し、商工層を中心に都市が形成され、彼ら平民を何を原理として治めるかが、為政者の最重要関心事となった。その結果選ばれたのが、武力による武治でも刑罰による法治でもなく、道徳教化による文治という政治原理であった。そこに政治道徳の学としての朱子学が受け入れられる素地はあった。

われわれはここで前章をふりかえり、朱子学が宋代において、貴族制の崩壊ののちに、科挙官僚の実力の時代に転換する中から生みだされ、合理主義的な宇宙観、世界観をもつかたわら、法治よりも道徳治を政治原理とし、かつその基盤には郷村の地主制があった、ということを想起したい。

江戸時代にあっても、すでに合理主義的な世界観は成立していた。中国と違うかたちにせよ郷村には経済的な力関係に基づいた身分的な共同体関係はでき上がっており、都市の商工層においても主人・奉公人の階層関係は成立していたのである。そして何よりもその社会は、身分的な名分や職分をもとに道徳教化を主とした秩序を求めていた。

つまり江戸初期の社会は、秩序原理として、近世にふさわしい近世儒教を求めていたのだ。それが朱子学であったのだが、ただ、朱子学の背景をなす中国の天観や理観は、第一章・第二章でみたようにあまりに特殊に中国的であったため、そのままでは日本社会に導入できなかった。逆に日本的な天観や理観に立った近世儒教を求める立場から、古学派の形成、すなわち日本化された近世儒教の形成をみるにいたった、といえる。

ここで目を転じて朝鮮をみてみよう。朝鮮でも一三九二年に李朝朝鮮が成立すると、それ以前の高麗王朝時代の貴族制が崩壊して科挙官僚制が敷かれ、その転換の過程で高麗期末に李穡《りしょく》（一三二八－九六）らによって朱子学が奨励され、のちに李朝に李滉《りこう》・

退溪《たいけい》（一五〇一－七〇）らの朱子学者を輩出している。ここでもやはり貴族社会から平民社会への転換が、朱子学の盛行と密接に関係している。

朱子学の東漸

図のように、中国では宋以降、朝鮮では李朝以降、日本では江戸時代以降の斜線部分が近世期にあたる。縦線部の長い過渡期を経て大きな時代の転換をとげているのだが、この近世が中国では十世紀、朝鮮では一四世紀、日本では一七世紀と漸次に東漸していく状況がわかるであろう。

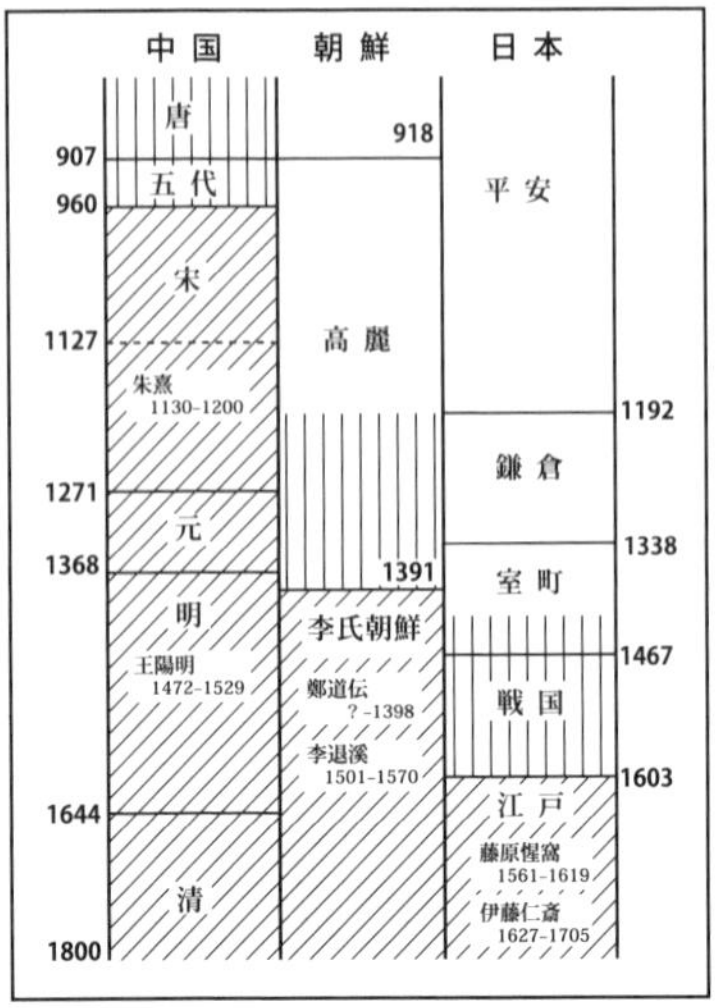

朱子学の東漸

この近世の東漸状況が、朱子学の東漸状況を反映しているのである。朱子学が本質的に近世社会に適合した思想であったことをうかがわせる。

ここで姜沆と惺窩のエピソードに

もどって、独自性と普遍性の関連についてふれておく。同じく近世儒教としての朱子学から出発しながら、中国では次章でみるように朱子学の民衆化とでもいうべき陽明学の興りへと連続し、やがて第九章以降にみるような展開をとげていく。それに対し、朝鮮では李退溪らの四端七情論争にみられる士人における徹底した人間倫理への考察と、そういった倫理を民衆層にまで深めていこうとする朱子学一尊の立場が貫かれる。そこから朝鮮独自の経世的な実学思想が生みだされる。一方日本では朱子学と並んで陽明学も受容されると同時に、朱子学を批判するかたちで古学派が生まれ、また儒教を批判して国学派が生まれるなど多様な学派が並立する。このように朱子学の展開の様相は、各国ごとに独自的である。

こういった差異は基本的に各国における近世社会の構造や風俗伝統の差異に基づくものである。近世社会間における朱子学の東漸という同じ流れを共有しながら、その近世社会の独自性により、朱子学の展開は各国各様のものとなった。

日本における朱子学の変容

江戸時代の朱子学は日本では林家に世襲的に継承された。林家の開祖ともいうべき林羅山が一方で神道の書物を著していることからうかがわれるように、その朱子学に対する態度は柔軟であった。林羅山の朱子学的な著作をみても、理学といってもそれは人間の心の理ばたらきを強調するといった一種心学的な色彩を帯びたものであるなど、かなり日本化された受容のしかたを当初からしている。

この朱子学は、とりわけ理観が日本人の思想的な伝統になじまず、伊藤仁斎、荻生徂徠らの古学派を生みだした。しかし見落としてはならないのは、こういった古学派や、国学派や、他に石門心学《せきもんしんがく》といわれる学派などが、朱子学の受容を知的な衝撃ととらえ、それを契機に興っていることである。

じっさい、朱子学は、自然と道徳と政治とを一つの理によって体系づけた壮大な学問思想で、朱子学の出現は東アジア世界における思想史上の一大トピックといえる。古学派や国学派の興りもその衝撃波の一つと考えられよう。

古学派は朱子学の理観に反撥して直接『論語』『孟子』の古代儒教思想にたち返ろうとしたのだが、朱子学に反撥するというかたちでその思考枠組の影響の中にある。儒教そのものに反撥して生まれた国学も、その知的分析の態度などはやはり朱子学の主知的傾向の流れを汲むものといってよいだろう。

一方、朱子学の宇宙自然の根源・法則性といった形而上的な理観は日本では受容されなかった。しかし理を人間関係の道理とか物と物との物理とか、つまり日常倫理や自然科学的な物理としては定着した。前者では石門心学のような民間の道徳実践の学や、後者ではたとえば蘭学の杉田玄白（一七三三―一八一七）が荻生徂徠の影響のもとで洋学を始めた。日本的な理観であるとはいえ、日常倫理なり物理なりとしてそのかぎりでの普遍性が承認され、世に広められたのである。

そういった拡がりは幕末にも継承された。たとえば佐久間象山《さくましょうざん》（一八一一―六四）は格物窮理の方法を砲術の勉強態度にとり入れた。横井小楠《よこいしょうなん》（一八〇九―六九）は道徳を政治原理とした政治観を抱懐した。あるいは明治の民権主義者の中に儒教的な志士仁人の思想が継承されるなど、朱子学を離れて儒教一般として、柔軟なかたちで生きつづけたのである。

日本社会における儒教

このように日本では朱子学は、儒教一般として、朝鮮のように朱子学の正統性を競いあうということもなく、柔軟多様に受け入れられた。そしてその日本社会への受け入れ方にも日本の独自性があらわれている。

たとえば、中国では宋代以降、儒学は科挙の試験に全面的にとり入れられ、官僚の政治道徳の学として体制の中に組みこまれていた。それに対し、日本では大名や武士が必ずしも儒学の徒であったわけではなく、むしろ儒者と呼ばれる人々は官途を離れた武士であったり、惺窩や羅山のように仏門に関係があったり、どちらかといえば体制外の人が多かった。儒者として仕官するばあいでも、政治の場では脇役であるほうが普通であった。

一方、中国の県学が科挙の試験の一段階に位置づけられていて、その意味では閉鎖的であったのに対し、日本では寺小屋などで『論語』の素読などを通じて、広く民間に日常道徳や読み書きの初等教育が行われ、儒教は民間教育にかなりの役割を果した。

ただし、中国では明から清にかけて郷村に郷約と呼ばれる一種の共同体規約がいきわたり、儒教倫理による日常生活の教化が行われたが、日本では民間の共同体関係は氏神や檀家寺を通して神道、仏教により多く担われていた。商人道徳の教誡書などをみてみると、神・儒・仏の三教が混淆して盛りこまれているなど、民間には一般に神道や仏教の影響のほうが色濃くみられ、全体としては儒教の影響のほうは稀薄であった。

こういった日本社会の柔軟多様な独自性が、近代に入って西欧文明の流入をみた時、きわめて機敏な対応を可能にした。一方で儒教、神道、仏教あるいは漢学、国学などを「和魂」として残しつつ、一方で西洋文明を「洋才」として積極的に摂取させたのである。

中国では、官僚・知識人層の間に深い儒教思想の浸透があり、その伝統の厚みがヨーロッパの近代的な法契約思想の受容を阻んだ。また第四章・第十章にみられる、「私」や「専利」に否定的なその「公（＝均）」重視の大同思想や、あるいは宗族の血縁的な共同関係のために、個人主義や私有財産権の確立が阻まれて、資本主義的な生産関係の確立に立ちおくれるなど、総じて儒教思想・倫理は外来の資本主義的近代の導入の阻害者となった。これに対し、日本では「和魂」が国家主義を支えるイデオロギーとなり、富国強兵をめざす国家主導型の近代化、工業化が容易に進んだ。また民間でも、個人や個人の血縁関係（わたくし）よりも自己の帰属する集団、たとえば国家や会社（おおやけ）を重視する集団倫理＝おおやけ倫理がはたらいて、これが日本型の資本主義を内側から支えた。つまり、おおやけの義理を重んずる（たとえば孝よりも忠）日本型の資本主義の発展をむしろうながしたのである。日中両国のこういった近代化の差異も、両国の儒教の存在様態の差異と必ずしも無縁ではない。ただし、最近ではアジアニーズ圏の急速な資本主義経済の発達を、おしなべて儒教倫理（共同性、節倹、勤勉、教育重視など）に帰因させる考え方もあり、今後論議が重ねられる必要がある。

◉第七章

陽明学の興り

朱子学の浸透

陽明学は、主に朱子学の格物窮理のテーゼを批判するかたちで興ったものである点で、朱子学の対抗者として位置づけられる。一方、朱子学を前提として興ったという点からは、朱子学の継承者として位置づけられる。

陽明学は、朱子学が科挙の試験にとり入れられて、官僚士大夫層の間にひろめられていった過程の中から、その朱子学を前提として、それを批判しつつ、より広汎な庶民層にひろめるべく修正をほどこそうとしたものである。それが果した客観的役割は、むしろ朱子学の拡汎者として位置づけられるのがよりふさわしい。

その朱子学は、しかし最初からのちにみられたようなひろがりをもって受け入れられていたわけではない。

むしろそれは朱子の最晩年には、「偽学の禁」といわれる弾圧をうけたりして、逆境にあった。それが徐々に心ある知識人層の間に支持をひろめていったのは、朱子の没後のことである。

たとえば、元の許衡《きょこう》・魯斎《ろさい》（一二〇九―八一）は、代々農家であったが幼時から読書を好み、やがて程子や朱子の学にふれるに及んで大いに発憤し、「綱常は一日として天下に失われてはならない、もし上に在るものがこれを任としないなら、下に在るものがこれを任とするのみだ」と語ったと伝えられる。また劉因《りゅういん》・静脩（一二四九―九三）は儒家の家に生まれて幼時から漢・唐の訓詁《くんこ》注疏《ちゅうそ》の学にあきたらぬ思いをしていたところ、たまたま程・朱の学にふれて「これこそ自分があるべしと望んでいた学だ」と雀躍して喜んだと伝えられる。道徳実践の学としての朱子学は、それまでの知識本位の訓詁注疏の学や教養本位の詩賦の学に対して、新鮮な感銘を与えるものであった。

それは一つには、開かれた理念において、誰しもが聖人たりうるとされ、彼らの経世への自負が刺戟されたこと、また一つには、彼らが経世の任を担うことによってこそ郷村の安定ひいては体制の安定がえられるという状況認識が、彼ら経営地主層や知識人層の間に芽生えつつあったこと、などによるであろう。

ただし、彼ら漢人は、朱子没年から七十一年後に南宋が滅び元朝が興ると、科挙の試験も廃止され、文官より武官優位、漢人より蒙古人・色目人（西域諸国の人種の総称）優位の世の中で不遇に甘んじさせられていた。

朱子学の体制教学化

しかし、そういう境涯の中で、かえって彼ら漢人の間に科挙試験の再開を求める声が高まり、元の延祐二年（一三一五）に、三十数年ぶりに再開されることになった。注目すべきことは、この時から科挙の試験の中に、朱子の章句・集注を用いた『四書』が出題の対象とされるようになったことである。

『四書』とは『大学』『中庸』『論語』『孟子』の総称であるが、そのうち『大学』『中庸』は『礼記』の中のそれぞれ一篇にすぎず、独立した書物ではない。その二篇が『論語』『孟子』と並んで儒家の間で重視されるようになったのは北宋以後のことである。

その流れをうけて朱子は『大学章句』『中庸章句』を著し、前者を入門の書、後者を究極の原理の書、『論語』『孟子』を前者から後者にいたる階梯の書とした。これに自己の注解や北宋の諸家の注解を付して『論語集注』『孟子集注』を著し、この四書の章句・集注を彼の哲学体系の骨組とした。

その『四書』の章句・集注が科挙の試験の出題の対象とされたことは、朱子学が体制教学として公式に認められたことを意味し、このことが朱子学の拡汎に果した役割は決定的に大きいものがあった。

ただ、この体制教学化は、体制側からの上からの押しつけというよりは、科挙の再開を要求した漢人の知識人層の下からの声を基にしたものである。このことから逆に、当時、朱子学が知識人の間に広く支持されていたことがうかがわれる。

明初の朱子学徒

状況は明代に入ってからも変っていない。

たとえば明初を代表する朱子学者である薛瑄《せっせん》・敬軒《けいけん》（一三八九―一四六四）は、若い頃、周敦頤や程子の諸書にふれ、「これこそが学問の正道だ」と感嘆して旧学をことごとく棄て、『性理大全』を抄写するなど朱子学に傾倒した。『性理大全』というのは明の永楽帝が朱子門下の諸注解をも集めて『四書大全』『五経大全』とともに勅撰で刊行したものである。

また呉与弼《ごよひつ》・康斎（一三九一―一四六九）は永楽年間に『伊洛淵源録』を読み、「聖賢も人である、どうして学んで至ることができないということがあろう」と道学に志し、郷居して門弟とともに農耕に勤め、かたわら学問を談じた。彼は日の出とともに起きて耕作に出、まだ目覚めぬ門弟を「そんなことでどうして聖賢の門下に到れるか」と叱咤し、自分が鎌で指を切ったときも、「外界のことにうち負かされてなるものか」と刈りつづけた、という。

また陳真晟《ちんしんせい》（一四一一―七四）は、はじめ科挙の勉強に励んでいたが、官僚が士の礼をもって遇されていないと聞いて、それ以来やめ、もっぱら「聖賢践履の学」つまり程朱の学に傾倒した。のちに呉与弼の盛名を聞き、家財を売り払って旅費の工面をし、同行の甥に、「自分が中途で倒れたら、道端に葬り、閩《びん》（福建）の布衣陳某の墓とだけ題してくれればよい」と告げていた、という。布衣というのは官僚にならなかった無冠の知識人の通称で、精神生活の清潔さや自立性などのイメージをともなう語である。

これらのエピソードは、明初にあっても、朱子学が多くの知識人を動かし、日常生活の中で真摯にその聖賢の学の実践に向わせていたことを物語るものである。

朱子学修正の動き

このように朱子学が人々の心をとらえ、それへの実践に人々をかり立てていく一方、それと並行してはやばやと朱子学修正の動きが始まった。

たとえば元の呉澄《ごちょう》・草廬（一二四九－一三三三）は、朱子の、理先気後（第一章参照）における ような理気二元的な観点に対して、「理外の気なく、亦《ま》た気外の理なし」という理気の相即性、一元性を強調した。これはのちに理を気の条理とした王陽明の観点につながるものである。

また明初の黄潤玉・南山（一三八九－一四七七）は、格物を物の理に「格《いた》る」とする朱子の解釈を批判し、「物の理は吾が心に具わる。吾が心の理を事物の理に格《ただ》し合わせるのを格物という」と、王陽明の格物説（後述）に先んじて修正をほどこした。王陽明と同時期の王廷相《おうていそう》・浚川（一四七四－一五四四）も、格物の「格」を王陽明と同じく「格《ただ》す」とすべきだとした。

このように理気二元観や格物説についての修正が見られはじめることは、元・明の人士にとっては、理は、存在論的よりも実践論的な対象に変りつつあった、ということを示唆する。

朱子学にあって、理は存在論的な比重が大きかった。朱子にとって理が天＝宇宙自然の法則であり、万物がその法則性の中にあるという事実は、前代までの有意志的な天観から完全に脱却する上で、大いに強調するに足るものであった。だから理を存在の根拠・原理として価値的に存在（＝気）に優位させ（理先気後）、かつその理に至り窮めること（格物窮理）を学の中枢とすることは、ひとつながりに不可欠のことであった。

しかし、元・明の人士にとってその事情は同じではなかった。彼らにとっては、天＝宇宙自然が有意志的な超越者の力によってではなく、理という法則性によって運行しているということは、すでに自明の前提となっていた。もともと「天なるもの理なり」というテーゼは、朱子にとっても自然科学的な宇宙万物の探究を目的としたものではない。それは政治や道徳や人の存在の根拠・原理としての天がそもそも何であるかをあきらかにするためのものであったのであり、それは元・明の人士にとっても一層そうであった。

彼らにとって理は、人の存在の根拠であり、自己がいかにあるべきかの原理であり、つまるところそれは宇宙原理ではなく道徳原理であった。彼らにとって宇宙原理は道徳原理の根拠としての意味しかなく、第一義の課題は、その道徳原理を自己の上に明かし、かつ実践することであった。

時代の関心は、天より人へ、存在論より実践論へと移っていたのであり、それが陽明学の興りの時代背景であった。

王陽明の到知格物説

王守仁《おうしゅじん》・陽明《ようめい》（一四七二―一五二八）は、若い頃、呉与弼の門下の婁諒《ろうりょう》・一斎（一四二二―九二）に出会い、程朱の学を教えられ、「聖人は必ず学んで至ることができる」という語に深く感動し、以来聖人の学に志した、と伝えられる。やがて科挙に合格して官途についたが、満三十四歳の時、宦官劉瑾《りゅうきん》の横暴を批判する上奏を行って、かえって劉瑾の恨みを買い、杖罰を受けた上、貴州省の竜場駅の駅丞（宿場長）に流謫《るたく》された。竜場は貴州省の西北、猺《よう》族などいわゆる少数民族の地で、つれてきた従者も病気にかかり、彼自身が薪をきり水を汲み、炊事をして看病に当るというふうであった。当時彼の父は礼部左侍郎（次官）から南京吏部尚書（大臣）に昇進していた。元来高官の子息であった陽明にとって、流謫生活は辛苦なものであったが、彼はかえってその中で、聖人ならばこのばあいどうするか、と日夜静坐して思索した。ある夜ふけに「聖人の道は自分の本性の中に自足している。理を事事物物に求めていたのは誤りであった」、と忽然と悟ったという。

やがて流謫も解かれ、劉瑾も失脚して、彼は平常な官界生活に入り、かたわら講学活動に従事し、心即理のテーゼを打ちだした。そしてのちにそれを致良知説として深化させていくにいたった。

「朱子のいわゆる格物とは、……事事物物についてそのいわゆる定理なるものを求めることで、これは自分の心を用いて、事事物物の側に理を求めることだから、結局、心と理とを二つに分けるものだ。……私のいわゆる致知格物とは、わが心の良知を事事物物に致すことをいう。わが心の良知とは天理である。わが心の良知としての天理を事事物物に致せば、事事物物はすべてその理を得る。」(『伝習録』巻中)と彼はいう。

つまり、自分の心に自足している良知(=天理)を致(=発揮)して事事物物のあり方を格《ただ》していく、それが致知格物だというのである。

彼が致良知説を打ち出したのは五〇歳前後のことだが、これによって心即理説に残されたある種の不徹底さは克服されることになった。というのは、良知の二字はもともと『孟子』に出る語だが、『孟子』ではこの良知に「不学不慮」という形容を冠している。つまり、良知とは一切の学・慮の作意を必要としない、真に内からやむにやまれずほとばしりでてくる道徳本性だというのである。その内からの良知を発揮するのが致良知とされることにより、心即理説がもつ不徹底さ、すなわち時として心の中にあるとされる理が目的的に求められ、その結果、求める心と求められる理とになお二分されかねないという欠陥が、克服されることになった。

新しい聖人観

このように、わが心に理が、さらには不学不慮の良知が生まれながらに自足しており、それをいかに発揮するかが聖人の学の課題であるとする陽明学にあって、宋学流の「学んで至る」聖人観も、もどかしさを感じさせずにはいない。聖人は至るべき対象ではなく、自分の中に本来具わっているはずのものではないのか。王陽明はいう。「人の胸の内には、誰しもそれぞれに聖人が宿っている。ただ自分でそうと信じきれないため、みずからの手でそれを葬ってしまっているのだ」(同、巻下)と。こうして「満街《まちじゅう》の人すべてが聖人である」(同)という有名な言葉が吐かれることになる。

格物窮理や主敬静坐によって聖人に至ろうというのではなく、みずからの内なる聖人性をいかに発揮するかが課題であるとする陽明学は、事上磨煉《じじょうまれん》という方法論を強調するに至る。主敬静坐のように瞑想するのではなく、事上すなわち日常の具体的行為の中で、いかに正しくあるべきかを磨煉していく、というのである。官吏は役所の書記の仕事を通して、農民は共同体慣行や土地経営を通して、商人は商取引を通して、それぞれがその日常営為の場で社会的役割を正しく果し、社会関係を道徳的に秩序あるものにしていく。それが事上磨煉のめざすところであった。

道徳実践の庶民化

心即理といい、致良知といい、満街聖人といい、事上磨煉といい、そこに共通にみられるのは、道徳実践の方法が簡略になり、日常生活に容易に密着したということである。

もともと陽明は朱子の格物説を批判しはじめた当初の時点で、朱子の新民説もあわせて批判していた。新民説というのは、『大学』の冒頭の「大学の道は明徳を明らかにするに在り、民に親しむに在り」の「親民」を「新民」すなわち「民を新たにする」

とすべきだというものである。そこには、民を上から道徳的に刷新しようという為政者的な立場が感得される。これに対して旧来の「親民」が正しいとした陽明のばあいには、民と同一の地平に立って「民と親しみ」ながら、民の生まれながらの道徳性をひき出そうとする庶民的な立場がうかがわれる。

じっさい、陽明は、ある弟子たちが街で陽明の学を講じたところ、信じない人が半ばであったと知らされたのに対し、「君たちは聖人の看板をぶらさげて講義したのだろう。聖人が来たといえば誰でも怕《おそ》れをなして逃げよう。自分自身が愚夫愚婦の立場に立たねば講義はできない」(同、巻下)と答えている。また「愚夫愚婦と同じくすることを同徳といい、愚夫愚婦と異なることを異端という」(同)ともいっている。

朱子学が主として官僚士大夫に担われていたのに対し、陽明学が庶民の間にひろまっていった秘密は、ここにあった。

のちに清初の顔元《がんげん》(後出)は朱子学と陽明学とを比較して、「天下の人が皆読書だ著述だ静坐だとあけくれていたら士農工商の業務がすたれてしまう。……天下の生はただに厚くされないだけでなく、生そのものさえなくなる。これを曲学といい、異端というのだ。陽明に『愚夫愚婦と同じくするものが同徳だ云々』の語があるが、今、朱子の半日静坐、半日読書の功課を見るとき、いったい果してこれが愚夫愚婦と同じくするものといえるか否か」（『習斎記余』巻九）と述べているが、朱子学の非庶民性をよくついた評言というべきである。

陽明学はまさに朱子学のその非庶民性を批判し、庶民に道徳の学の門戸を拡げようとするものであった。

先に明初の朱子学徒が熱烈に聖人の学に傾倒し、辛苦をものともせず精励し、時には日常生活の安楽をも犠牲にして省みなかった様を垣間《かいま》見た。陽明は聖人の学を、そういったいわばかぎられた道徳エリートの手から、広く一般庶民のものに解放した、ともいえる。

道徳実践主体の拡大

それは言葉をかえていえば、道徳実践の主体が、士大夫の間から庶民の間に拡大された、ということでもある。

王陽明はある時、彼に教えを乞いにきた耳と口の不自由な農民を相手に、筆談で、「君は口で是非を語れず、耳で是非を聴きわけられないが、心では是非が判断できるだろう」とたずね、相手が書字で「できます」と答えたのに対して、「君は今より父母にはただ君の心の孝を尽し、兄長にはただ君の心の敬を尽し、郷党鄰里《きょうとうりんり》や家族親戚の人にはただ君の心の謙和恭順を尽しなさい。人の財利を見ても貧ろうとせず、ただ君が是《ぜ》とする心を行い、非とする心を行わないことだ。たとい外から人が是だの非だのといってきてもそれに従う必要はない」と諭した（「諭泰和楊茂」）。これは、是非の判断を経典の字句や諸々の先人の事例に委ねるのでなく、みずからの内なる良知の声に委ねよというものである。道徳実践の主体は一方で内なる良知に深化されると同時に、個々人のその良知に広く委ねられることによって、格段に拡汎されることになった。道徳的な是非は聖なる道徳エリートに占められるのではなく、大衆みずからの個々の手にゆきわたったのである。

ここで陽明学の中でも有名な、「学は心に自得することを貴ぶ。みずからの心におし当てて非だと判断したら、たとい孔子の言であろうと、決してそれを曲げて是とはしない。ましてそれが孔子にも及ばないものの言であるにおいておや。みずからの心におし当てて是だと判断したら、たといそれが凡庸な人の語だとしても、だからといって決して非とはしない。ましてそれが孔子の口から出た語であるにおいておや。」（『伝習録』巻中）という一句を想起しておこう。陽明のこの一句は、従来、陽明学における個の主体性の強調という面からみられてきた。しかし、道徳実践の主体性が、広汎な個人つまり庶民層に認められた、という側面も同時に見のがされてはならないであろう。

陽明学の興りの背景

宋・元・明の各時代を通じて、政治構図の上での特長として指摘できるのは、為政層が君・官―民という一元的な構図を理念としていた、ということである。

朱子学において郷村の地主制秩序への配慮があったことは先に述べた通りである。しかしその朱子学においても地主らの民は、官に治められる被治の対象でしかない。彼ら農工商の民に道徳実践、すなわち社会秩序形成のための実践が委ねられていたわけではない。

つまり社会秩序形成の責任は官僚士大夫層が基本的に担っており、その道徳実践によって、「民を新たにする」、すなわち民の道徳性を触発し感化するというのが、為政の基本構図であった。

ところが陽明が活躍した明朝中葉という時期は、郷村の地主制的秩序がさらに進展し、商工層の経済力も上昇し、君・官の上からの教化だけでは治まりきれないさまざまの矛盾が顕在化しつつあった。

たとえば県知事などの官僚が「半日読書、半日静坐」で身を修めて徳治をほどこしたとしても、そういった一己的な修身によっては地主間の所有権上の争いとか地主と小作人の間の階級的な対立は解消しない。事態の解決のためには、地主どうし、あるいは小作人にすら、道徳的な自覚をうながし、彼ら自身に問題を解決させるほかない、という状況が生まれつつあった。

明初の朱子学徒の熱烈な道徳的実践は、そういう時代状況を早くに感得してのことであったといえる。しかしその実践はあまりに非凡なものであった。

一方、陽明は、郷約という郷村の共同体的規約をひろめようと図ったことでも有名だが、この郷約こそ郷村の構成員一人一人を道徳秩序の担い手にしようと図るものであった。その道徳秩序とは、先に陽明が口や耳の不自由な農民に期待した孝悌の恭順秩序である。一言でいえばそれは郷村における家父長的な地主制秩序であり、時代は君・官―民という上からの一元的な統治に対して、それを下から支える地主制的な郷村秩序体制の形成へと移行しつつあり、陽明学は、そういった郷村秩序体制の形成という時代の趨勢にこたえて出現したものである、といえる。

結果として、陽明学の興りは、道徳の学としての朱子学を郷村のすみずみに拡汎する役割を果したのである。

◉第八章　陽明学の展開

民衆道徳の拡がり

王陽明で忘れられてならないのは、彼が郷約の熱心な推進者であった、ということである。彼が江西省の南贛《なんかん》で指導した南贛郷約が彼の全集の中に収録されている。それによると、その前文の中に「凡そ爾《なんじ》ら同約の民は、皆宜しく爾の父母に孝にし、爾の兄長を敬い、爾の子孫を教訓し、爾の郷里に和順し、死葬相助け、患難相恤《めぐ》み、善は相勧勉し、悪は相告誡し、訟を息《や》め争いを罷《や》め、講信修睦し、務めて良書の民となり、共に仁厚の俗を成すべし」云々とある。前章でみた、口と耳の不自由な農民への教えの内容と大筋同じであるが、実はこれは明の太祖が頒布した『教民榜文』という郷村規約の中の「六諭」という一条を、踏襲したものである。

「六諭」とは、「父母に孝順にし、長上を尊敬し、郷里に和睦し、子孫を教訓し、各々生理（生業）に安んじ、非為をなす毋《なか》れ」というもので、さらにこれを溯ると、朱子が郷村の父老層に与えた勧戒の語（「父母に孝順にし、長上を恭敬し、宗姻に和睦し、郷里に周卹し、各々本分に依り、本業を修め、姦盗をなす莫《な》かれ」）にたどりつく。おそらくもとは郷村の中に自然発生的に生まれた共同体的な規範であったものが、宋以降、官僚らの手で意図的に頒布されはじめ、明の太祖の手で郷村のすみずみまで広められたものを、南贛郷約では、王陽明が郷約の中心にとりこんだものである。

ただし、朱子の教誡や太祖六諭が上から下へ教化をほどこすかたちで流されていたのに対し、郷約では共同体成員どうしの横つながりの、いわば自主的な規約として機能しはじめるものであった。ある意味で規制力はむしろ強められたといってよい。

この郷約は明末にかけて各郷村に広く行われ、清代に入ると康熙帝《こうきてい》や雍正帝《ようせいてい》の熱心な推進もあって、六諭をもとに盛行をみ、宗族の族親などとともに、地縁、血縁の共同体的な道徳規制は、清代を通じて、中国のすみずみに浸透していった。

先に、宋代において、王安石の法に対して朱子学の理（＝道徳）が優位を占めたことを述べたが（第五章）、広大な中国にあっては、法制による統治よりも、このように道徳による相互規制に頼るほうがはるかに有効であったことは、歴史的にも実証ずみのことである。

王陽明の郷約の推進は、その学の庶民性とともに、道徳による民衆統治という面で先駆的な役割を果すものであった。

無善無悪論の興り

陽明学が後世に及ぼした影響は多面的であるが、その庶民道徳の拡汎と並んで特筆されるべきことは、思想史の上に残した革新的な流れで、中でも無善無悪論の流れが、それである。

王陽明は最晩年に、王畿《おうき》・龍溪《りゅうけい》（一九四八—一五八四）らの高弟と議論し、「心の本体は無害無悪であり、有害有悪なのが意の動、善を知り悪を知るのが良知、善を為し悪を去るのが格物」と高弟たちがいったのに対し、王龍溪は、「心の本体が無善無悪ならば、意も知も物もすべて無害無悪であるはずだ」と四無説をうち出し、陽明の没後、それを唱導した。

この四無説に立った無善無悪論は、要するに心の本体に絶対善が具わっており、既成の相対的な善悪には左右されない、というものである。外からの既成の価値判断にとらわれないという点に、破壊力が秘められていた。

こういった傾向は、すでに「学は心に自得することを貴」び孔子の言にも左右されない、とした先述の発言の中にみられたことである。王龍渓の徹底した無善無悪論は、さらにこの傾向に拍車をかけるものであった。

時代は折しも明末清初の変動期（第九章参照）を予感しつつあり、形骸化しつつあった既成の価値観に対して、新しい時代の新しい価値観を求めはじめていた時期でもあったから、この無善無悪論は、その新しい価値観創出の理論として、革新的な思想家の間に流布した。

中でも突出して革新的であったのが李贄・卓吾（一五二七―一六〇二）である。

彼は、「人がついに人たりえないのは、人の真似をして徒らに前人の足迹を慕っているばかりだからだ。……『大学』に『大人の学は至善に止まる』とあるが、至善とは無害の謂で、無善ならば無跡である。どうしてその跡のないものを後人が践《ふ》むことができよう。ただ践む必要がないというだけでなく、践むこともできず、また践むべきでもない、践もうにも践みようのないものなのだ。世に孔子を跡としているが、いったいそれがどう跡なのか。今のいわゆる師や弟子たちは、ぞろぞろと連れ立ってその跡とやらを践もうとしているが、何と哀れなことよ」（『蔵書』巻三二）、「今日の是非は予、李卓吾一人の是非と謂うもよし。……この千百余年、ただ是非がなかったのは、人に是非の判断がなかったのではない。みなが孔子の是非をのみ是非としてきたために、是非がなくなってしまっていたのだ」（同、世紀列伝総目前論）と述べ、「李卓吾一人の是非」を大胆に主張した。形骸化した道徳観に対し、欲望や私を肯定した新しい秩序観をきり開いたのである。

彼の主張は「童心説」（『焚書』巻三）にも見られる。そこで彼は「道理聞見」に汚されない、人間の「最初一念の本心」たる「童心」に人間の真実があるとした。六経や論語・孟子は孔門の弟子たちがいい加減に編纂したもので、元曲や『水滸伝』のような巷間の文章こそ「童心」発露の至文であると賞揚したのである。ただしここでいう「童心」とは日本的な純粋無垢な心とは大分異なり、子供が菓子を奪いあって泣き叫ぶといった、欲しいものを欲しがる赤裸々な心のことで、欲望を人間の本質とみなす彼の考え方に通ずるものである。

陽明学の果した歴史的役割

ここで中国の陽明学が果した歴史的役割を列記しておこう。

一、道徳の担い手が官僚士大夫層だけでなく、農工商の庶民層にも広げられ、朱子学以来の近世儒教の民間への浸透に大きく寄与した。

一、心即理、致良知、無善無悪のテーゼにみられるように、人間の内奥からやむにやまれず流出するものを真の本性（＝理、至善）としたことから、やがて「童心」を人間の真とする、欲望肯定的な人間観創出の道をひらいた。

一、自得を尊び、孔子の是非よりも吾が心の是非を重んじたことにより、経書の超歴史的な絶対化、権威化を否定し、価値観を多様化する道をひらいた。なお彼は「六経も史なり」として経典を歴史的に相対化する主張もしており、これらは清朝考証学における「実事求是」の客観実証的な方法に継承された。

一、満街みな聖人といったオプティミスティックな人間観により、あらゆる愚夫愚婦（明末には奴僕まで）に秩序の担い手としての自覚が促され、秩序形成の上で庶民の果す役割が明末以降、特に飛躍的に増大した。

その結果、秩序形成に対して民間の声が反映するようになり、地方自治の趨勢に拍車がかかった。ただしこれは、為政層が民衆を上下的な秩序の中にひきこもうとした面と、その秩序形成の中で民衆が主体性をもちはじめた面との二面からみられなければならない。


以上の四項をみてわかることだが、これまでの通念と違って、陽明学は明末を経て清代まで継承されている。これまでの通念では、陽明学は明末で終焉し、このあと経《けい》世《せい》致《ち》用《よう》の学や考証学に席を譲ったとされている。その根拠は、心即理や致良知のテーゼが、清代に入るとほとんど省みられなくなり、陽明学徒と自称する人士も見うけられなくなったこと、明末には陽明学、特に無善無悪を標榜する流れが道徳を破壊するものとして激しい批判にさらされたこと、などがあげられる。しかしこういった見方は、当時の人士の発言にあまりに接近して視野が狭くなり、全体を総合的、主体的に俯瞰する広角的な視野を失った見解というべきである。

次のような見解は陽明学の短期的な役割を述べたものにすぎない。すなわち、心即理や致良知のテーゼが省みられなくなったのは、それによって道徳を庶民の間に拡げた結果として、かえって郷村では郷約にみられるように共同体的な規範が強められ、個々人の道徳的内発性だけを強調するそのテーゼではもはや満足できない事態となっていたからである、とか、無善無悪論のもつ破壊性も、新しい欲望肯定的な秩序観が創出されれば、その破壊性は欲望の無制約な放縦につながりかえって新秩序観に敵対するものとなりかねないといった見解である。しかし、長期的に展望してみれば、朱子学の拡汎者としての陽明学の役割は、右の四項にみられるように、長く清代にまで及ぶものであった。

以上が中国における陽明学の展開のあらすじである。この陽明学は朱子学に遅れはしたもののやはり江戸期に日本に流入しており、特に幕末から明治にかけて多くの人士に影響を与えた。

日本の陽明学

日本で陽明学者といわれる人たちとして江戸初期には中江藤樹《なかえとうじゅ》（一六〇八―四八）や熊沢蕃山《くまざわばんざん》（一六一九―九一）らの名をあげることができる。そして心即理や致良知という陽明学独自のテーゼを自己の思想や行動の中心的な部分に消化していた人となると、幕末の大塩平八郎・中斎《ちゅうさい》（一七九三―一八三七）など、かぎられた人のこととなる。それは江戸時代に思想潮流として何らかの展開があったというよりは、ある特定の個々人に個人的に消化された、その意味では散発的、局部的に存在した思想であった、というのが事実に近い。

その点では、中国の陽明学とは全く異なる。中国の陽明学は明代の中期から後期にかけて、朱子学のテーゼの修正として多くの人々の間に共有され、一つの思想運動として集団的に展開され、その余波が清代にも及んでいるのである。日本では、朱子学に対する対抗やそれの修正というよりは、朱子学と並存的に、あるいは朱子学とは別のものとして、心即理や致良知あるいは知行合一のテーゼそのものが、いわば単独にある特定の個人に受容された。

そのばあい、心即理や致良知は、自己の心の主体的判断を最高規準とするという主体昂揚のテーゼとしてうけとめられ、だからそれは往々「吾が心即ち天」という天人合一的な（ただし日本的な）テーゼともなった。また知行合一も、自己が倫理的に正しいと主体的に判断したことは周囲の規制に抗してでもあえて実行するという、実践重視のテーゼとしてうけとめられた。

このため、日本では陽明学は、主に幕末の変革期に、既成の秩序観念に抗して、自己の信念を主体的に実践しようとする人々の間にうけ入れられた。

その代表的な一人が大塩中斎である。

大塩中斎の陽明学

大塩中斎は天保八年（一八三七）、関西の飢饉に際し、「奸吏」「奸商」を討って「四海困窮」の民を救おうと、のちに大塩の乱と呼ばれる反乱を起し、あげくに捕吏に迫られて自刃して果てた人である。

大塩が陽明学に接近した主体的動機は、彼が大坂（大阪）町奉行の与力の頃、忠や孝といった日用人倫の道が形骸化し、世俗の通念への順応やあるいは功利的打算に裏打ちされるものになっていること、またその傾向が他人だけではなく自分の中にさえあることに批判や危機意識をもっていたことにあった。そのとき陽明学の致良知説にふれ、人間本来の内面的な道徳性の発露である良知によって行動することこそ、日用人倫を真実なものにする道だと考えた。彼はそれを自分の心の中の動きから、日常の言動の場で――具体的には当時の大坂町奉行の民政の場で徹底してつきつめて考え、行動に移した。その結果、反乱を起すにいたったわけだが、それは陽明学というよりは大塩学というのがふさわしいほど、徹底して主体的なものであった。

この大塩の学が中国の陽明学と異なるのは次の点である。中国の陽明学が、いかに良知を万全に発揮するかに重点を置いたものであるのに対し、大塩のばあいは、人間の心の本体が良知であることを認めつつも、その一方で私欲・人欲など功利の心におおわれていると考え、そのため「誠意慎独」などの功夫すなわち実践修養によって自己の良知を明らめようという、功夫重視のリゴリズムをはらんでいたことである。

彼はこの「誠意慎独」によって良知をあらわすことを「心、太虚《たいきょ》に帰す」ともいっている。この太虚は北宋の張載《ちょうさい》・横渠《おうきょ》の『正蒙』からとった語で、天地宇宙の根源を指したものだ。中斎は心の本体を太虚とみなすことを通じて、陽明学の無害無悪論を自己の学にとりこんだ。すなわち大塩にとって、太虚は至善＝最高善あるいは絶対善であり、世俗の相対的な善悪をつきぬけたところにあるものとされる。世俗の善悪は往々にして既成の通念にもたれて俗塵にまみれており、そこからでてくる善への志向は、世評を気にしたあるいは世評をあてこんだ不純なものになりがちである。

これに対して大塩の太虚は、世俗の善悪を超えたところに無辺の絶対性を確立しようというものである。ここに彼の自我意識の昂揚をみることができる。彼は、「吾が心即ち天」ともいっているが、その天とはつまるところ太虚のことである。それは単におのずからなる誠の無限性というだけにはとどまらない、もっと積極的な、社会や政治とのかかわりをもったものであった。つまり彼の良知＝太虚＝天＝至善というのは、既成の形骸化した善悪観にとらわれず、現実の政治、社会の汚濁にたちむかい、その先にあるべき真の日用倫理をうちたてようというもので、その点ではきわめて変革的、実践的なものである。

彼は中国の陽明学の「民に親しむ」の立場や、「万物一体の仁」のテーゼも独自にとりこみ、民衆の飢寒の痛み苦しみを自己の痛み苦しみとする民衆の感情との一体感を標榜している。こういった彼の民衆的立場と太虚、天といった強い自我意識の昂揚とが、彼を反乱に立たせたのであった。彼のこの太虚的自我は、日本的な誠の純粋さ、たとえば貨色の欲をすてるとか利害の計較打算をしないとかいった個人内面の純粋さにとどまらない、より開かれた社会的政治的な自我であったことに特に留意しておきたい。

西郷隆盛の敬天愛人

西郷隆盛・南洲（一八二七―七七）も陽明学の徒として知られる一人だ。彼は佐藤一斎《さとういっさい》（一七七二―一八五九）の影響をうけた。「吾が心即ち天」という考え方ももともと佐藤一斎のものであったため、その天の思想をもとに陽明学の実践的側面を身につけた。彼には有名な敬天愛人――もっともこれを日本で最初にいったのはジョン・ミルの『自由論』の訳者として知られる中村正直《なかむらまさなお》・敬宇《けいう》（一八三二―九一）で、もとは清末の魏源《ぎげん》の『海国図志』（第十章参照）巻三七にみられる――というテーゼの主張がある。『南洲遺訓』には、「人を相手にせず、天を相手にせよ。天を相手にして、己を尽して人を咎《とが》めず、我が誠の足らざるを尋ぬべし」とか「道は天地自然の物にして、人は之を行ふものなれば、天を敬するを目的とす。天は人も我も同一に愛し給ふゆゑ、我を愛する心を以て人を愛する也」「総じて人は己に克つを以て成り、自ら愛するを以て敗るゝぞ」などの言葉がある。

人を相手にしないというのは、世俗の欲や毀誉褒貶に左右されないということ、天を相手にするというのは純粋の誠に生きるということだ。彼のばあいもそれは単に自己の内面の純粋さにとどまるのではなく、人を愛するという外向きの積極性をあわせもっている。己に克つ、すなわち功名や世評にとらわれる小さな己の欲や自己愛をすてて、天の高みに立った大きな己をうちたて、その大きな己によって維新の大事業を成就させようというものである。

このように日本の陽明学は、中国の陽明学が民衆の道徳教化、民衆の秩序形成への参加、また欲望肯定的な社会秩序の新形成などの社会的な思想潮流となったのに対し、知識人の間にかぎられるかたちで、しかも特定の個人の自我の確立あるいは変革主体の確立というかたちでたちあらわれ、民衆層へのひろがりはもたなかったという特長をもつものであった。

第九章

十六・七世紀の転換

日本との比較

中国における君主観の転換を考える前に、中国の君主観そのものの特質を日本との比較の上でみておきたい。日中両国の、ほぼ同時期の君主観を示す例を、二例ずつみてみよう。

まず戦国末から徳川初期を生きた松永尺五《まつながせきご》（一五九二－一六五七）と、明末清初の動乱期を生きた黄宗羲《こうそうぎ》（一六一〇－九五）の例。

「天ハ上ニアリテ君、地ハ下ニアリテ臣ナリ。天地ノ道理自然ニカクノゴトシ。……臣下タルモノハ大小ニアラズ……奉公ヲヨクシ、忠節ヲツクシ、面々ノ職分ヲツトムルモノナリ。……随分我スベキ奉公ヲシテ、俸禄ニ心ヲカクルコトナカレトナリ。

俸禄ハ君ノ心ニアレバ、臣下ヨリハカラウコトニアラズ」（松永『彝倫抄』）

「有生の初め、人は各々自私であり自利であった。……後の人君たるものは……天下の人にけっして自私自利をとげさせようとせず、自己の大私を天下の大公といいはり、天下を莫大な財産・家業とみなして子孫に世襲させ、無窮に亨受している、とすれば天下の大害とは君主に他ならない。」（黄『明夷待訪録』原君）、「わたしが朝廷に出仕するのは天下のためであって君主のためではない。万民のためであって一姓のためではない。天下万民の意向をもとに政治を考えるのであり、道理にかなわなければ、たとい君主がいかように強制しようと、けっしてそれに従わない」（同、原臣）

前者では君臣の上下を天地上下の自然のように動かしがたいものだとし、臣は一方的に君に奉公するだけで俸禄のことを心にかけたりさえしてはならない、とする。それに対し、後者では、明末の「私」の肯定（第四章参照）の風潮を背景に、民の自私自利を抑圧するものとしての皇帝の大私を指弾し、政治は君主のためではなく天下万民のために行われるべきことを主張したものである。

次に、いずれも刑死をとげた幕末の志士、吉田松陰（一八三〇－五九）と清末の革命家、譚嗣同《たんしどう》（一八六五－九八）の例。

「天下は一人の天下に非ずとは、是れ支那人の語たり。支郡は即ち然り、神州に在りては、断々として然らざるものあり。……我が大八州《おおやしま》は、皇祖肇むる所にして、万世の子孫に伝へたまひ、天壌と窮りなき者、……其の一人の天下たること亦明かなり。……本邦の帝皇或は桀紂の虐あらんとも、億兆の民は唯だ当《まさ》に首領を並列して、闕（皇居）に伏し号哭して、仰ぎて天子の感悟を祈るべきのみ。不幸にして天子震怒し、尽く億兆を誅したまはば、四海の余民、復た孑遺《げつい》（子孫の最後の一人の遺種）あるなし。而して後神州亡ぶ。若し尚ほ一民の存するものあらば、又闕に詣りて死せんのみ。……是の時に当り、湯武の如き者放伐の挙に出づるは……決して神州人に非ざるなり」（吉田『丙辰幽室文稿』）

「生民の初め、もともと所謂君臣はなく、皆民であった。民が治めあえず治める暇もなかったので、皆で共々に一人の民を君に推挙した。……共々に推挙したという以上、共々に廃位することもできる。……断言しよう、ただ死ぬべき事のために死ぬ道理はあっても、君のために死ぬ道理はない、ということを。……古えの所謂忠は中心（心が中正であること）の意味である。……君が暴虐非道であるのになお忠によって仕えるというのは、桀を輔け、紂を助けるというものだ」（譚『仁学』上）

前者は天皇が万世一系であり、日本では天下は天皇一人の天下であること、たとえ天皇に夏の桀王《けつおう》や殷の紂王《ちゅうおう》の暴虐があろうとも、殷の湯王や周の武王がそれらを放伐したような事例は日本にあってはならない。その場合には全国の民はただ皇居の前にひれ伏して天皇が非を悟ることを祈るだけで、天皇が激怒して民を殺し尽しても、最後の一人までただ祈りつづけるのみだ、というのである。後者はそれとほぼ正反対の議論を展開したものである。

以上の二つの例には、第一章で述べたような、血統を皇位の権威とする日本の天皇位と、天命を権威とする中国の皇帝位、そして後者にともなう易姓革命の思想の有無などの差異が背景にある。

もっとも中国でも、古代では、『荘子』在宥篇の「主なるもの天道なり、臣なるもの人道なり」とか、既出(第一、三章)の郭象の「君臣の上下、手足の外内は乃ち天理自然」など、君臣の上下を動かしがたい自然とみなす考え方が主流である。右の黄宗羲のような君主観は、宋以降の変化をうけつぎながら、特に明末になって顕著に出てきたものである。

明末の君主観

黄宗羲の君主批判に先立って、明末の東林派と呼ばれるある反宦官的な政治グループの間に、すでにつぎのような議論がもち上っていた。

「天下は広大であり、人主がみずから治めることができないから、大臣に寄託してこれを分治する。大臣や官僚は君主が天下を共にする相手である」（徐如珂『徐念陽公集』巻二）

「国の是非は羣心の自然より出、羣啄の同然を成す。人主がひとりこれを操ることはできず……廷臣がこれを操ることもできず、天下の匹夫匹婦がこれを操る。匹夫匹婦の是《ぜ》とするところは主も臣もこれを矯《あらた》めて非とすることはできず、匹夫匹婦の非とするところは、主も臣もこれを矯めて是とすることはできない」（繆昌期『従野堂存稿』巻一）

「天は民のために君を立て、士は民のために君に事える」（陳龍正『幾亭外書』巻一）

「天が民を生じたのは君のためではない。天が君を立てたのは、民のためをはかってのことだ。それを自分のために民を病《なや》ますとは何ごとか。君たる道は、他でもない、天地自然の利に因って、民のためにこれを開導しまた方向づけ、……民がその生存を失することのないようにしてこそ、天が君を立てた道理は全うされる。どうして天が一人を民の上に肆《ほしい》ままにさせ、天下を剝いでその一人に奉仕させることがあろう」（呂坤『呻吟語』巻五）

「天下の人々には皆各々欲がある。……どうして君主一人だけが天下の人々を無視して自分一人の欲をとげることが許されようか」（銭謙益『牧斎初学集』巻八九）

これらの議論で黄宗羲の『明夷待訪録』の君主論に共通する点は、第一に、君主一人では、たとえそれが有徳の君であろうとも、もはや天下を治めることはできない、政治は官僚との分業でなされなければならない。第二に、政治は「匹夫匹婦」など天下の万民の与論に従って行われなければならない。第三に、政治は民の生存（自私自利）を充足させることを根本とする、の三点である。

黄宗羲は、明末に東林派人士の間で断片的に出されていたこれらの新しい考え方を『明夷待訪録』という書物に集大成したといえる。

新しい君主観

では右の三点はどういう点で新しいといえるのであろうか。

まず第一点は、宋代以降、天譴的な天観から天理的な天観に変化したとはいえ、皇帝の有徳性を政治の枢要にするという点に変化はなかった。天譴的な天観にあっては、皇帝の修徳が災異を防ぐための枢要とされていたが、天理的な天観の下にあっても、やはり皇帝が天理を自己実現することを政治の枢要とみなしてきた。そこに流れているのは徳治主義であり、有徳の皇帝が仁政をほどこす、といった古代以来の考え方である。

それに対して明末に出てきた第一点の考え方というのは、一種の皇帝機関説とでもいうべきものである。肝要なのは官僚との分業がうまく進み、民意を吸い上げる行政システムがいかにうまく機能しているかにある、とするものである。

第二の与論尊重は、明末にはしばしば「公論」の名で主張されるものだ。この公論の興起の背後には、地主制の進展という新しい社会変化がある。明代は里甲《りこう》制という徴税のための行政制度を村落のすみずみにまで設けていたが、これは各戸各丁（丁とは成人の男）をひとしく徴税の対象として掌握する、いいかえれば万民を平等に皇帝の民として掌握するという一君万民体制の原理に依拠したものである。ところが明末になると地主制が一般化し、郷村では、地主と小作（佃戸）に分化する傾向や、貧富の差のひろがる傾向がみえはじめる。郷紳と呼ばれる官僚経験のある有力地主層を中心とした地主層の経済的な支配が拡がりはじめた。これにともなって官僚の規制力が相対的に弱まり、地主層を中心とした在地の支配勢力の発言力が高まるようになった。それがつまり公論なのである。第一点との関連でいえば、従来のように皇帝の仁政が一君万民体制下の万民に上から一方的にほどこされればよいというのではなく、官僚層がいかにこの公論を吸い上げるかが重視されるようになった、ということである。

第三の生存の充足は、明末に、民の所有欲、生存欲の主張がみられるようになったことと関係する。これは黄宗羲の「(古代には)田土は王から民に授けられていたから王土といったが、後世の田は民が自分で買ったものであるから、これは民土であって王土ではない」(『破邪論』)という民土の主張にもみられるような、田土の私有権の主張とも通じあうものである。すなわち皇帝が民に仁慈をほどこせばよいという旧来の徳治主義的な政治観に対し、この時期には、民の私有権を満足させる具体的な政策を要求しはじめたのである。

こういった三点の主張は、当時の政治構図上の対立を反映したものでもある。それは皇帝の一君万民的な中央権力を強化するか、あるいは郷村の地主制の進展に依拠して郷紳層の意向を重視した地方自治的な政治を行うか、という中央か地方かの対立である。明朝も爛熟期の万暦年間に入ると、地主制の興起による里甲制の破綻などのため税の徴収が円滑に進まなくなる。その上、日本の秀吉の朝鮮出兵や北辺女真族の侵攻などの外圧やそれにともなう出費もあって、国庫はしばしば不足を告げる事態となった。

こういった事態に対し、神宗《しんそう》は宰相の張居正《ちょうきょせい》（一五二五―八二）とともに中央権力の一層の強化と徴税の徹底を図る方針をとる。張居正なきあとは宦官に依拠して、官僚らの反対を押しきり、宦官の直接派遣による徴税収奪まで行うようになった。鉱税と呼ばれる新税を設け、宦官らが鉱山でもない一般の富裕層の邸内に押し入り、鉱石が出たと称して家財を強奪するということさえあった。これに正面からの批判を加えたのが、東林派グループで、彼らは地方の郷紳地主層の与論を背景に、中央権力に対抗して郷村重視の政策を求めたのであった。

民の自私自利と皇帝の大私

黄宗羲が皇帝を大私として批判したのは、右のような趨勢においてであった。

ただこの批判については、具体的な事例が彼の脳中になかったとはいえない。神宗は寵妃《ちょうき》の子の常洵《じょうじゅん》を溺愛して、彼をくり返し皇太子にしようとしては宰相らの反対にあってついに実現できず、結局彼に四万頃《けい》（約二、三〇〇平方キロ）の封土を与えることで結着をつけようとした。当時の中国の全耕地面積が七百万余頃（約四〇万平方キロ）あったとはいえ、全体の〇・六パーセント近い田土を一王子に与えるというのはさすがに宰相らの反対が強く、最終的には二万頃にへらして、一件を落着させたという経緯がある。その二万頃の封土とは具体的には玉府といわれる王族の荘田のことである。その荘田の民はさまざまなかたちで王族から私権を阻害されるため、王府にされることを歓迎しなかった。もともと明の太祖はこういった王府や皇帝の私有地である皇荘など朝廷の私有地の増大には強く規制を加えようとしていた。王朝も末期になると、皇荘や王府あるいは勲戚の荘田などは代々増大するばかりで、そのうちの極端な一例がこの常洵の例であった。

黄宗羲は『明夷待訪録』田制篇の中で、官田を含めた全耕土の全戸への配分を主張している。それによれば官田は全耕土の三分の一に上るとされているが、この皇荘や王府とはその官田の一部に当るものである。

彼の念頭にこの常洵のケースがあったか否かは不明だが、少なくとも増大の道をたどった皇荘や王府に対する批判はあったと考えられる。皇帝の大私が民の自私自利を抑圧するという彼の批判には、こういった朝廷の私産が民土の伸張を阻害しているという事態があった。朝廷の私産を大私というのは、一方の極に、それを大私と感ずるだけの、民の私有財産に対する権利意識の増大があった、とも考えられるのである。

清朝の推移

ただしこういった皇帝批判は、清朝に入ると見られなくなる。『明夷待訪録』が書かれたのは清朝に入ってからのことだが、彼の筆は滅亡した明朝のその滅亡の原因の追求に向けられたものであって、清朝を対象にしたものではなかったのである。

清朝に入って、明末期にみられた皇帝批判が影をひそめた理由に、異民族王朝である清朝の武力抑圧ということもあるが、基本的に清朝が、明朝とはちがって地主層の権益を容認する方向で権力を樹立したことが挙げられる。彼らは、江南に多かった明朝の皇荘や王府を民田として解放した。自分たちは北方に八旗軍のための旗地《きち》と呼ばれる屯田を確保したほかは、朝廷の私有地をふやそうとはしなかった。雍正帝の時期にいたって施行された地丁銀《ちていぎん》制は、丁税を地税に一本化したもので、これは丁税の事実上の廃止を意味した。丁税は古代以来徭役というかたちで成人の男にかけられていた人頭税である。この人頭税が廃止されたのは、明朝までつづいた一君万民原理、すなわち全人民を皇帝が支配するという原理を放棄したことを意味する。そして代って土地税に一本化したのは、地主が何人の小作人を置こうとそれには一切かかわらず所有地だけを問題にするということで、これは地主の田土私有権とその私有地における農民支配とを容認したことを意味する。

つまり清朝は、事実上、地主の郷村支配を容認しつつ、その上にのっかったいわば皇帝地主連合政権であり、その点で宋から明にいたる王朝と決定的に異なるのである。

清朝に入って君主批判が影をひそめた。これは、明末に与論の先鋒をつとめた郷紳層や、同じく地主層出身のためそれに共鳴することが多かった官僚層らが、清朝政権の政策に基本的に満足していたことを示す、といってよいだろう。

逆にいえば、明末期に興った君主批判は、地主層らの旧来の一君万民体制に対する不満がいかに強いものであったかを示すものである。明朝が人心を失った原因に、一君万民体制の強化という、そのあまりにも時代に逆行した基本政策の方向づけが挙げられるのである。

井田論の伝統

明朝は一六四四年に滅亡し、代って満州女真族の清朝が興った。この十七世紀の王朝交替期を予期するかのように十六世紀後半から興ったさまざまな変化、たとえば欲望の肯定、それにともなう理観の変化（第一章）、人性論上の変化（第一章）、私の肯定（第二章）、君主観の変化（第六章）などの変化を示したこの時期、すなわち明末清初期には、以上の変化のほかに、田制論や封建論（次章）などの伝統的な論議の上にも、大きな変化があらわれた。

中国では、古来、井田、封建、学校が、上古の三代（夏・殷・周）の遺制といわれ、ユートピア時代とされるその三代にはこの三つが理想的に完備していたといい伝えられている。井田についてそのいい伝えを解説したのは孟子である。『孟子』滕文公上篇によれば、たとえば周代には、九百畝の出土を一井としてそれを九区画に等分し、そのうちの真中の一区画を公田として税糧にあて、周囲の八区画を私田として八家で一区画ずつ分配し、まず公田を八家共同で耕作したのちそれぞれ私田の耕作に当り、八家は平常から共同で盗賊を防いだり相互に扶助しあって生活していた、とある。田土を均分に所有しあった平等の共同体関係が理想の状態とされていたことがわかる。

田土所有を均等化するということの理想は、現実離れした空論に近いと思われる。しかし、古来これの実現を求めてさまざまの議論が展開され、また実際の政策にも試みられたりしていて、中国における田制問題の重要性をうかがわせる。

実際の政策に試みられたものとして、たとえば前漢の董仲舒の限田論は、田土所有の上限をきめて豪族の所有田に制限を加えようと図ったものである。前漢の皇位の簒奪者とされている新の皇帝王莽《おうもう》が実行しようとしたのは文字通りの井田法であり、これらはいずれも実現されなかったが、それ以後も西晋の官品に応じた限田政策とか、北魏の均田法とか、唐の戸口に応じて一定の田を終世貸与する授田制とか、下って南宋の賈似道《かじどう》の大土地所有者の上限以上の田土を国家が低価で買収するという公田策など、普及や実現の度合についてはともかく、限田や均田の試みはさまざまに継承された。

明末清初の田制論はそういう伝統的な論議の先にあるものである。

民土観に立った新しい旧制論

伝統的な田制論議をうけついだものであったが、しかし明末清初のそれにはそれ以前のものと決定的に違う点があった。それはそれ以前の限田、均田は、『詩経』の「普天の下、王土に非ざるなし」という王土観に立った、すなわち中国の全土を皇帝の所有地であるとする考え方に立った上からの施策であるのに対し、明末のそれは、前章に紹介した民土観、すなわち田土を民間の私的所有にかかわるものとする考え方に立った下からの主張である、という差異である。

前者の基本的な考え方は、皇帝の仁慈によって民の財を平均化してやるという恩恵の思想、および特定の有力地主や豪族の擡頭を抑制するという王朝支配の思想に基づいている。恩恵の思想も究極は民の貧窮化による反乱を防ぐという反乱予防策につながるものであるから、この上からの均田、限田策は結局、皇帝の支配を貫徹することを目的としたものである。

これに対し後者のは、黄宗羲の既述の官田解放論に示されるように、まず民の私的所有の拡大を目的としたもので、基本的にこれは地主的土地所有の安定的な発展を願う当時の民の要求にそったものである。

たとえば王夫之・船山（一六一九—九二）は、「土地というのは天地に固有のもので、王朝はこもごも交替しても、山川や原野などはもとのままで、それらは百穀や草木や鉱石を産出して民を養い、王者もそれによって養われているのであり、……王者が専有できるものではないのだ。だから井田の法でも私田を八、公田を一とし、……君もけっして全部を自己のものにしなかった。……民の田土は、お上《かみ》の所有としうるものではない」（『続通鑑論』巻一四）、「地が一人によって擅《ほし》いままにされえないことは、天を一人が擅いままにできないのと同じだ。（特定者が）天を領有できないように地も領有できない。王者は天子すなわち天の子であるが、天地をどうして私することができよう」（同右）という。これは、黄宗羲の民土の主張を、より根源に溯って論じたものである。ここでは王土観は原理的に根底から否定されており、田土を民全体のものとする民土観の根強さがしのばれる。

明末清初期の田制論

黄宗羲の田土配分論が官田解放を内包したものであることは先に述べた。その詳細は、万暦六年（一五七八）の丈量に基づく当時の全耕地面積の七〇〇万余頃（約四〇万平方キロ）を当時の全戸の約一千万戸にまず五〇畝（〇・五頃）ずつ均等配分し、残りの一七〇万余頃を富戸すなわち地主層に再配分するというものである。地主の既得権に配慮を示した配分論といえる。

一方、王船山の田制論は一種の限田論である。地主がみずから耕作する田土の上限を三〇〇畝とし、それ以上の所有田は小作田とみなし、税率を自耕田の倍とし、水旱害時に自耕田の税を免ずることはあっても小作田の場合には免除しない、などの差を設けている。これは、地主の土地所有に制限を加えることをねらいとしている。

それに対し、清初の顔元・習斎《しゅうさい》（一六三五―一七〇四）の田制論は、地主・小作の階級的隔差の是正を目的とした一種の均田論である。地主の所有田が一〇頃であるとすると、そのうちの一頃（一〇〇畝）だけを自耕地とし、残りの九頃は、それぞれ一頃ずつ、九家の小作地とし、この小作人は一頃のうち四〇畝分を小作料、一〇畝分を税として収め、残りの五〇畝を自己の収入とする。一世代の三十年を経たのちにはこの一頃は小作人の所有田となる、というものである。ここでは小作人の究極的な自営農化がねらいとされている。

さて、以上から、明末清初期の田制論の、民土主張以外にもう一つの特長として挙げられるのは、ここに経営地主と小作農、あるいは経営地主と自営農といった階級差が反映していること、および、その階級隔差を是正し、理想としては全戸を自営農化しようとの配慮がはたらいていることである。

このことは、当時こういった議論を展開した知識人が、すべて地主層の出身者であるのに、なぜ彼らがみずからの階級的な既得権益を否定してまで均分化や小作人の自営農化を図ろうとしたのか、という疑問を生む。彼らは、みずからの利益をすてても全体の利益を優先的に考える理想主義者だったのだろうか。しかし、それにしては、清朝中葉に地主制がより一般化するにつれ、こういった限田、均田策が影をひそめ、むしろこれに対する批判や否定的見解が出てくる理由が説明しにくい。清朝中葉の知識人が特に現実主義者ばかりであった、と考えるには無理があるからである。

結論的に、明末清初期の社会状況から考えられることは次のことである。明末清初期には、民土主張にみられるように、皇帝の地主抑制政策や皇帝を中心とする特権大地主と対抗することが当時の一般の地主層の主要な課題であったこと。またもう一つに、当時はまだ地主層自体が安定しておらず、財産の均分相続という中国に伝統的な慣習により、田土が世代を下るにつれて細分化されていくという事情も重なっている。二代三代の間には所有田土を手放して小作人に転落する部分が一族の間に不断に生まれており、あるいはそうでなくても、朝廷の税収奪のために一代限りで破産のうき目にあう家や、地主で小作人や奴僕の恨みをかって打ちこわしにあったりする例があった。また既述の王府荘田や勲戚の荘田はもとよりそれ以外に免税特権などの特権によって肥大化していた郷紳門閥一族の専横により一般の地主の利益が阻害されていた事例などが明末には数多く見られる。このことから、一般的に明末清初期の地主層は、特権的な地主を排除して、むしろ平均的な土地所有、階級隔差の少ない安定した社会を望んでいた、と考えられるのである。

そして地主階級の富の蓄積が、宗族的な結合の強化などにより安定的に進展し、地主制的秩序が一般に浸透していったとみられる清代中葉には、逆に限田、均田に対する批判や反対意見が強められた。そしてついには皇帝すら、たとえば乾隆帝《けんりゅうてい》みずからが、「たとえ均田が善政と称せられ、窮儒がしばしばこれを希望して必ず実行すべきだといおうと、これは今日にあっては断じて実行困難である。富家から奪って貧家に与えるということが万々不可であるのはもちろん、たとえ多きより減じて少なきに加えようとしたとしても、富人の剰余部分で貧人の不足部分を補うこと自体が不可能なのだ」(『東華録』巻三六)という勅諭を下す。地主制的な階級秩序は王朝公認のこととされるにいたるのである。

清朝末期の田制論

変化がみられはじめるのは、アヘンの流入と銀の流出などによる経済的な疲弊から、社会不安がかもし出され、やがて太平天国の乱(一八五〇—六四)という巨大な農民反乱の勃発をみるにいたる、清朝末期に入ってからである。

たとえば陶煦《とうく》(一八二二—九二)は、地主と小作人の間の所得隔差の是正策を提言し、収穫による収入から小作人の労賃や種もみ肥料などの原料費、農具などの資財費を含めた原価を差し引き、さらにその経常利益から税金を引いた純益の半分を地主の収入分とするという算出法を編みだした。これによると、小作人は荒作などで利益があがらぬ時でも労賃は最低限保証されるし、豊作にでもなれば利益分の配当にもあずかることができることになる。この合理的な算出法は民国期に入って実際に各地で実行されるようになったといわれる。

このように、限田、均田策に比べてより現実的な方策が提言され実行に移される反面、清末期には、それ以前には見られなかった土地国有論や公有論（すなわち共有論）が新たに見られはじめる点で注目される。

これには、太平天国が標榜した既述（第二章）の天朝田畝制度の影響や、康有為にみられるような伝統的な大同思想の影響があると思われる。それが均田策すなわち私田の均等配分策として出現しないで、逆に私産を否定して一挙に国有化、公産化しようというかたちをとったのはなぜか。それはおそらく明末に比べて耕地面積が約二倍なのに対し人口が十倍近くになっていた、という田土と人口の極度のアンバランスが、均田策を机上のプランとして不可能なものにしていた、という事情が背後にあったからであろう。

土地国有論と公有論

田土の国有論や公有論を積極的に提唱したのは、前者における革命派や後者における無政府主義のグループである。

まず革命派の国有論としては、胡漢民《こかんみん》（一八七九―一九三六）がいる。中国同盟会が機関誌として依拠した『民報』三号に載った「民報の六大主義」の中に、清朝打倒、共和政体樹立などと並んで土地国有の主張が挙げられている。

「土地国有は、三代の井田制にすでにその大綱がみられ、わが民族が伝統として固有にするもので、これを政治改革の時代に行うことは決して難くはない。……土地は日光や空気と同じでもともと私有されるべきものではないのに、種々の原因から地主制度が生じ……全国が困窮しているのに資本の富厚はことごとく地主に帰するようになってしまった。……蓋し専制政府の富は、民にとっての賊であるが、民権立憲国家の富は、共産であり、均地の政は平等の至りである」云々というその議論は、井田制への言及や、とりわけ土地を日光や空気と同じとみなす点に、土地を天と同じにみなす明末の考え方に相通ずるものがうかがわれる。伝統的な田制論の歴史の厚みが感じられるのである。ただ、明末には皇帝が専有できないとされていたその理由がここでは地主が専有できないとされ、また明末には結果として民土化、具体的には民の私有権化が主張されていたのに対し、ここでは逆に国有化が主張される、という内容上の差があることに留意しなければならない。「土地国有の制というのは……少数の私利を犠牲にして、大多数の公益と化すためのものだ」(『民報』第四号)という同じく革命派の馮自由《ひょうじゆう》（一八八二―一九五八）の発言にみられるように、清末には地主を少数者、土地なき農民を多数者とした上での少数＝私、多数＝公の対立の構図があり、私を排斥して公の革命をめざそうとする風潮（第四章参照）がここにも見うけられるのである。

一方、無政府主義者の公有論も、国家の存在を認めないために国有論をとらないというだけで、土地を民の共有物にするという点では同じである。またこの公有論が伝統的な井田論議を踏まえている点でも国有論と同じである。たとえば劉師培《りゅうしばい》はその「悲佃篇」（『民報』第一五号）において、顔元の「天地間の田は宜しく天地間の人が共にその利を亨受すべきである」（『四存篇』存治篇）の語を挙げたりしながら、現在では井田策よりは、「必ず尽く貴賎の差をなくし、豪富の田を没収して、土地を国民の共有としてこそ、真によく至公に合する」と述べている。ここでは井田論すなわち土地の均等私有化論は否定というかたちで継承されているといえる。

これらの議論は、中国同盟会の、「韃虜《だつりょ》（満州族）の駆除、中華の回復、民国の建立、地権の平均」という四大綱領のうちの「地権の平均」を主張したものだが、のちにこれは孫文の三民主義に包摂されながら、やがて中国共産党の土地革命に継承されていったものである。

中国革命を土地革命として特長づけるとすれば、その特長は、中国に伝統的な井田論義に由来するものであり、とりわけそれは、上からの均田ではなく、下からの均田と質的に大きな転換をみせた、十六・七世紀の明末清初期の田制論を、直接の淵源としたものであると評することができる。

中国近代の淵源としての明末清初期

このことは、中国の近代過程を考える上で多くの示唆を与える。一般に中国の近代期を考えるとき、歴史区分としてはアヘン戦争期を近代の開始期とする。そこには、一般的にいって、アジアの近代化はヨーロッパとの接触によって幕が開いたとする考え方が底流にある。

たしかに工業化をはじめ、中国での李鴻章《りこうしょう》（一八二三－一九〇一）らの洋務運動が推進した学制改革、軍制改革などはすべてヨーロッパ近代の諸制度が導入されたものである。近代アジアにおける近代ヨーロッパの影響は甚大であるが、近代過程として出現したその根幹のところは、それぞれの国の伝統的なものを太く継承しているのであり、中国のばあいは特にそれが顕著である。

中国の近代過程を中国に即してみていくと、既述の政治上の君主観の変化といい、ここでの経済上の田制論上の変化といい、明末清初期の変化が清末の変化の淵源として位置づけられることに気づく。ここに中国近代の萌芽をみることは、けっして根拠がないことではない。明末清初期はそういう目で見返されるのがよい。ただし、それはあくまで中国の近代過程に即してのことで、たとえば、ヨーロッパ的近代の資本主義過程を中国に直輸入して、明末清初期に資本主義の萌芽を認めるか否かといった議論を展開することは避けるべきであるが。

◉第十章

清代から近代へ

明末清初期に興った君主観や田制論上の転換は、既述のように地主制的秩序の進展を反映したものだが、これに加えて封建制に関する議論が新しい局面を迎えるにいたった。

時代区分としての封建

封建という語は、時代区分としては、近代以前の、ヨーロッパでいえば中世の貴族制的な領主制の時代を指す。日本でも明治維新以前の徳川幕藩制の時代を指して封建時代と称している。つまりこれは元来は、国王(日本では将軍)が貴族(大名)に封土を与え、世襲貴族(大名)がその領地を支配するという政治体制上の概念である。ところがマルクス主義的な経済史が広められる中で、封建時代の生産関係についての研究が盛んとなり、その時代は貴族すなわち封建地主が生産手段を優占し、領民すなわち不自由農民（農奴、百姓）に経済外的な圧力を加えてこれを支配した時代、という経済体制上の概念が加わることになった。

日本やヨーロッパでは、近代以前は、政治上も経済上もこういった封建概念で説明でき、それはそのまま時代区分にもなっている。しかし、こういった封建概念は、そのままでは中国に該当しない。

というのは、中国では周知のように秦漢帝国以来、皇帝を中心とした中央集権体制（中国では古来これを封建制に対し郡県制と称してきた）がとられ、特に宋代以降は、科挙制が全面的に実施されるようになった。その官僚の地位は非世襲の一代限りのものとなり、官僚制的な中央集権体制は一層完備されたから、少なくとも政治体制上は、近代以前を封建時代と呼ぶことができない。中国で政治体制上、封建制がしかれていたのは周代とされ、それが春秋・戦国時代を経て崩壊して秦漢帝国の成立にいたるとされているから、政治体制上の時代区分としては、上古の時代が封建時代ということになる。

ところが、中国革命は反封建反植民地の革命であるといわれるように、民国期以後、中国では清朝以前を封建時代と称するようになった。それが現在にも踏襲されているのだが、それは厳密にいえば経済体制上の地主・農民の支配関係だけを内容としたもので、政治体制上の封建概念は含まれていない。このため、中国の「封建」には、ヨーロッパや日本のような、世襲的上下身分制、四民不平等、封建割拠などといった社会制度上の不自由さは含意されていないのである。

明末清初期の「封建」概念

むしろ明末清初期には「封建」は皇帝専制に対立する概念として、新しい意味をもちはじめていた。秦漢帝国の成立以来、田制論と並んで、郡県か封建かという政治体制上の論議がくり返しつづけられてきている。そのばあいの封建は、具体的には皇帝の一族である王族に、たとえば辺境に封土を与えて辺境を守護させることの可否など、要するに封土を与えることを主眼とした議論であった。ところがこの封建論議は、明末清初期には、過度に中央に集中したとみなされる皇帝専制体制の中で、どのように末端に権限を委譲させるかという、権力の分配の問題という様相を示しはじめ、それ以前にみられない新しさがみられることになった。

まず一つにそれは、皇帝権力の絶対性を否定し、宰相や官僚の権限を相対的に強めようとする方向での議論として出現した。その議論は、『孟子』万章上篇の、周代の封建制を解説した部分に依拠して行われた。

すなわち「天子一位、公一位、侯一位、伯一位、子男同一位、凡そ五等なり。君一位、卿一位、大夫一位、上士一位、中士一位、下士一位、凡そ六等なり。……大国は地方百里。君は卿の禄に十（倍）、卿の禄は大夫に四（倍）、大夫は上士に倍、上士は中士に倍、中士は下士に倍、下士は庶人の官に在る者と同禄たり。禄は以てその耕に代るに足る。……」とあるのに依ったのである。最後の一句は、俸禄の最低、つまり下士の年俸は、農民の一年分の収入に該当するというのである。下士を一とすると、大夫はその八倍、卿は三二倍、君は三二〇倍となるから、結局大国の君主の年収は一般農民の三二〇倍ということになる。

この議論をうけて、黄宗羲は『明夷待訪録』置相篇で、周代では天子と公との等級差は、公侯伯子男の間の差と同じであって、「独り天子だけが超然と等級の上にあったのではない」と述べている。皇帝が宰相以下官僚の上に超然たる権力をもっていることを批判したのである。また顧炎武は『日知録』（巻七）の中で、天子に「絶世の貴があるのではない」とし、その俸禄も「禄は以てその耕に代る」のであるから、皇帝が民から厚く税を徴収してみずからに奉仕させるのはおかしい、と皇帝と一般の民との間の隔絶ぶりを批判した。

ここでは、周代封建制下の爵位等級制が、逆に皇帝専制の批判に使われているのである。

中でも注目されるのは呂留良《りょりゅうりょう》（一六二九－八三）で、彼は、「凡そ禄の制は皆農より起り、爵位の原《もと》も亦た農より起る。……天禄は農に本づき、禄は農より生ず」（『四書講義』巻三九）と述べ、爵位も俸禄もいずれも「農」を基礎にしていることを主張した。ここで「農」は具体的には地主層を中心にした層で、結局彼は、官僚制を支えている基盤としての地主層の存在をクローズアップしてみせた。

地方官の在地化と地方自治

こういった専制への批判や在地勢力の自負を背景に興ったのが地方官の在地化の主張であった。

中国では宋代以降、県知事ら地方官の任期は長くて三年で、任地もその人物の出身地からなるべく遠い地方に赴任させるのを原則としていた。これは地方官が地方に盤踞して在地の有力者と結託し反乱の本となることを警戒してのことであるが、顧炎武はこういった慣習を批判し、地方官を千里以内の出身者から選任し、時にはその官に終身任ずべきことを主張した。そして、「もし県知事に百里の地を私させたならば、県の人民を吾が子、県の土地を自分の田土のように、また県域の城郭は自分の家の垣根のように大切に扱うだろう」（『郡県論』）と、ほとんど領主制に近い考え方を提示した。

一方、黄宗義も、郡県の学校で地方の政策を論議し、天子もその学校での論議を尊重し、学校の学官も中央選任ではなく、その地方の公議によって選挙することなど、学校を公論決定の機関とする一種の地方自治論を展開した（『明夷待訪録』学校篇）。

こういった議論は清初にもうけつがれ、たとえば李塨《りごう》（一六五九―一七三三）は、地方官の任期を長くし、かつ権限も大幅に委譲し、「ただ大綱だけを上で総べ、細目は悉く下に任せ、郡県の害を除いて封建の利を兼ねる」（『平書訂』巻二）べきことを説いた。

清朝中葉の封建論

ただし、こういった議論が清朝中葉まで何ごともなくつづけられたわけではない。雍正六年（一七六二）に曾静《そうせい》（一六七九―一七三六）なる人物が雍正帝批判のかどで捕えられた。それをきっかけに、その師の呂留良の言論が問題になり、呂留良が反逆罪でその墓をあばいて罰せられるという事件が起きた。その呂留良の言論の中に封建の主張が含まれており、曾静もそれにならっていた。雍正帝はこれを危険視し、「おおよそ反逆者、呂留良、曾静、陸生枏《だん》といった流輩は、みな封建復活論を主張している。思うにこれら悖乱の輩は、自分たちが姦悪傾邪で郷国に容れられないと知り、そこで策士遊説の風に倣《なら》おうとしている」(『東華録』巻三〇)と指弾した。

このことは、しかし雍正帝みずからが批判しなければならなかったほど、封建論議が中央権力にとっても軽視できない力をもっていたことを逆に示すのかもしれない。

因みに雍正七年には、ある御史が、各県を東西南北の四郷に分け、それぞれに郷官を設置して県知事の補佐とすること、およびその郷官はその郷の出身者を採用すべきことを、雍正帝に上奏している。この上奏は表立った封建論ではないが、知事の補佐役としてその地方の人物を当てることをいう点では形を変えた封建論すなわち地方自治論である。結局採用されなかったとはいえ、こういった上奏が官僚の間からさえでてくるというのは、その地方の出身者がその地方の行政を担任しようという要求が、いかに根強いものであったかを示す。

清朝中葉には表立った封建論議はみられないにせよ、底流にはこのような要求が流れつづけていた、とみてよいであろう。

清末の封建論

こういった底流が、一挙に表への流出をみせたのは、太平天国の乱においてである。太平天国の反乱軍が各省を席巻していくのに対し、旧来の地方駐留軍である緑営軍は、もともと他地方からの人間を寄せ集めたものであったため、その地方になじみも利害もない上、駐留するその地方以外には出兵できないという軍制上の制約もあって、各県各省を自由に突破していく太平天国軍には到底太刀打ちできなかった。

緑営軍の欠陥を知った清朝は、湖南出身の大官曾国藩《そうこくはん》（一八一一―七二）に湖南省の防衛を委託し、湖南省人による湖南防衛軍すなわち湘《しょう》軍を設立させた。これはのちに李鴻章（一八二三―一九〇一）によって建軍された淮《わい》軍をへて軍閥へと継承されていったものであるが、当時は郷人による郷土防衛軍として士気も高い上、在地の郷紳地主らの献金や地方財政の拠出もうけての新式の洋式装備のため、太平天国軍を制圧するに十分に威力を発揮した。

この湘軍の設立に対し、のちに清末革命派の汪兆銘《おうちょうめい》・精衛《せいえい》（一八八三―一九四四）は、軍費調達権が地方の總督巡撫に委ねられたこと、また用兵についても、中央の兵部の統制をはなれて、省境を越えて自由に出兵できるようになったことなどを挙げ、軍政財政の両大権が中央から地方に移行したものとし、これを中央集権に対する地方分権のはじまりと評価した（『民報』八号）。

このような動乱の時代の趨勢をうけて、清末には再び封建論が盛行しはじめた。たとえば、黄遵憲《こうじゅんけん》（一八四八―一九〇五）は、地方官が遠地からの赴任者でありかつ短期で転任していくことをあげて地方官は恃むに足らずとして、自己の任地の湖南省の青年に大意次のような演説をした。

「諸君に求めることは自らその身を治め、自らその郷を治めることだ。利を興し、弊を改め、学校制度を変革し、水利を図り、商務を興し、農事を修め、捕盗を講ずるなど、これらは皆諸君のなすべきことである。……諸君よ、もし諸君がよくこの事を任とするならば、官民上下は同心同徳、聯合の力によって衆謀の益が収められ、その郷の出身者によるのであるから地方官の頼りなさもなく、封建世家の利を得て、郡県専制の弊が除去できる。これを一府一県から一省に及ぼし、一省から天下に及ぼせば、共和の至治、大同の盛軌が実現されよう」（『湘報類纂』）

ここでは「封建」は地方自治や共和と同義に用いられている。

その地方自治は、具体的には議院設立の要求ともなった。先に雍正帝の時に郷官設置の要求が上奏されたことを述べたが、清末には、たとえば陳熾（？―一八九九）の「前《さき》に倡えられた郷官の議は、実に議院に略々同じである」「各府州県は外国の議院の制に倣《なら》って、人民によって郷官を公挙する」などの議論となって展開された。

議院は開設されなかったが、これらの輿論に押されて清朝は、その末期に各省に地方官と郷紳の合議機関である諮議局を開設し、各省の郷紳の公議を反映させようと図ったが、時はすでに遅かった。

清末民国初の連省自治運動

清朝は各省に起った省独立運動を鎮圧することができず、一九一一年の辛亥革命によって崩壊したが、各省の独立運動を可能にしたのは、紳と官と軍が連合して省の権力を掌握するにいたったからであり、湘軍に対する汪兆銘の先の評価が歴史の流れを読んだものであることが立証されたともいえる。

実際、山東省の例をみてみると、辛亥革命の時に、山東省の諮議局は独立を宣言するとともに清朝政府に対して八項の要求を提出した。そのうち最後の四項の中には、地方官の任免、地方税の徴収はすべて本省の権限下におく、とか、中国は連邦政体であるべきである、とか、本省が本省の憲法を定める、といった条項と並んで、兵権は本省が掌握する、という条項がある。これは省の独立が、辛亥革命の当初は軍権を含んだほとんど一つの国家の独立に近い状況が生じていたことをうかがわせる。

こういった大勢の中で、民国に入ると各省の間で、独立した各省の自治を基礎に連邦共和制を志向した、連省自治運動が起った。省の軍権力が軍閥化し、省の実権を握りはじめるなど、軍閥割拠の様相を呈しはじめ、事態は複雑さを増し、やがて国民党、共産党もともに連省自治を否定して、再び中央集権による国家統一を国是とするようになった。

民国の「封建」

地方自治運動と相表裏するように、民国期に入ると、特に雑誌『新青年』に依拠して新文化運動を提唱した陳独秀《ちんどくしゅう》（一八七九－一九四二）らは、中国の伝統的な家父長的家族制度を「封建宗法」の遺物として批判した。ついで一九二〇年代にマルクス主義が入ってくると、生産関係論を主とした封建観が確立し、「封建」の二字は、この清末から民国初の二、三十年の間にいつの間にかマイナス概念のみに用いられるようになった。

その端緒を開いた最初は厳復《げんぷく》（一八五三―一九二一）が訳した『社会通詮』であると考えられる。これはイギリスのE・ジェンクスのA History of Politicsの翻訳で、一九〇四年に刊行されたものである。この書の中で、ジェンクスは、国家の歴史の発展段階として、トーテム時代の首長制から貴族封建の宗法制、そして近代国家へという三段階を呈示している。そのうちの宗法という語が、青年知識人の間で中国の因習として批判の対象となるのと比例して、宗法が封建の語と結びついて、封建の語がマイナスイメージをもって広められるようになった、と推定される。

中国革命の中でこの語がさらに強く批判的な概念として一般化したことは、いうまでもない。

ただ、われわれは、この「封建」の語が中国では、明末清初期から清末期にかけて、反皇帝専制と地方自治を含意する概念として、むしろプラス荷に用いられてきたこと、そして内の軍閥抬頭、外からの列強の干渉という複雑な歴史的推移のため、いったんは盛り上ったかにみえた地方自治や地方分権化の動きが、熟することなく、むしろ逆に官僚制的な中央集権国家へと収斂されていったことに、留意しておく必要がある。

ヨーロッパや日本の近代過程が封建的領主制つまり分権制から近代的な中央集権国家を創成する過程であったのに対し、中国での近代過程が、これとは逆に専制的な中央集権体制を分解して地方分権化に進んでいく過程として認められるとするならば、中国の政治体制上の近代化のあるべき道は、ヨーロッパや日本とは異なったものとして認識される必要があるからである。

前章でもふれたように、もし明末清初期を中国的な近代過程の萌芽期として位置づけるならば、明末清初期から清末期にかけてみられたこの分権化の動きは、あらためて見直されてよいものであろう。

近代政治思想の受容

一般にアジアにおける近代は、たとえば日本ならばペルリの黒船来航から明治維新、中国ならばアヘン戦争から辛亥革命をその黎明期とするように、アジアが近代ヨーロッパ世界と接触し、その近代文明を受け入れはじめる時期を、近代の開始期とみなすのが通例である。

それを政治思想の分野でいえば、自由とか平等とかの権利思想や立憲か共和かという民主思想などに接触し、それを受容しはじめるのが、つまり近代の始まりとされる。アジアの近代過程をこのようにヨーロッパ近代の受容過程とみなす見方は、それなりに首肯できることなので、ここではしばらくそういった見方に立って、中国の政治思想の面での近代過程をみていこう。

中国で早くにヨーロッパの近代政治制度に着目した人に魏源《ぎげん》（一七九四―一八五七）がいる。魏源は『海国図志』という書を著し、世界各国の事情を紹介したことで有名である。その書の中で彼は、イギリスの議会制度について触れ、「用兵、和戦の議は、国王が決裁するが、また必ず巴里満《パーリアメント》（議会）において承認されねばならない。……凡そ条例の改新、職官の新設、あるいは税金の増減、紙幣の発行などのことは、すべて国王から巴里満に送付される」云々と紹介し、あるいはアメリカの大統領が世襲でないどころか四年を一期とする任期制であることを伝え、「まことに公（＝公正）というべきではなかろうか」とこれに高い評価を与えている。因みにこの『海国図志』は、まず五十巻本が一八四二年に成り、一八五二年に百巻本に増補されているが、右のイギリスやアメリカの記事は百巻本のほうに記載されたもので、アヘン戦争（一八四〇―二）から約十年後のことである。

洋務官僚の議院制への関心

こういったいわば西洋事情書や海外見聞記といった類の書における欧米の民主的政治制度の紹介は、この後も、たとえば、徐継畬《じょけいよ》（一七九五―一八七三）の『瀛環志略』、梁廷枏《りょうていだん》（一七九六―一八六二）の『海国四説』、張徳彝《ちょうとくい》（一八四七―一九一九）の『航海述奇』など、一八五、六〇年代に多くを見ることができる。注目されるのは、光緒元年（一八七五）における、当時の軍機大臣文祥《ぶんしょう》（一八一八―七六）の密奏である。

すなわち文祥は、欧米の上議院、下議院の制をとりあげ、中国でも「趨勢としては実行困難かもしれないが、その理念はとり入れるべきである」と光緒帝に議院制の理念の導入を密かに上奏している。政府中枢の中での大官のこういった動きは、現実の政策に影響を及ぼすものだけに注目される。文祥といえば、外交機関の総理衙門の創設に参与し、以来洋務の主柱として時局を担った満州貴族出身の重臣であり、その政治的影響力はけっして小さくなかったのである。

洋務というのは、以前は夷務と称して、中国特有の中華思想から、外国を蛮夷視していたのが、アヘン戦争以来、ヨーロッパの力の強大さを自覚させられ、それまでの蛮夷視を改めて、洋務と称するようになったものである。最初は単に外交事務をさしていたのが、やがて、欧米の工業や近代的諸制度を学びとることを洋務運動と称するようにもなり、洋務運動に熱心な官僚、たとえば李鴻章らを洋務派官僚といったりする。

その洋務派官僚の一人、張樹声《ちょうじゅせい》（一八二四－一八四）もまた、死の直前に遺書の形で西太后と光緒帝あてに上奏文をしたためている。彼はその中で、西洋人は「体」と「用」とを兼ね具え、輪船、大砲、鉄路、電線などの「用」のほかに、学制や議院制などの「体」も充実しており、中国が「用」の導入だけで「体」の導入を怠るようなことがあれば、いつになっても西洋に及びつかない、と議院制への注意を喚起している。張樹声は両広総督として清仏戦争を担任していた第一線の地方大官であり、この議院制に対する発言は文祥のそれと並んで注目されてよい。ただし、ここで議院制というのは現代の議会制とは全く違って、具体的には中央や地方の大官たちが皇帝を中心として合議する一種の合議制を指すと考えるのが、実態に近かろうと思われる。

なお「体」と「用」というのは、中国古来からの一種の哲学的概念で、「体」は本体、「用」は作用であるが、中国の歴史的伝統を本体として推持し、西洋の工業などを作用としてその外側に受け入れるという清末のいわゆる中体西用論は、この体用の概念を借りたものである。

議院設立の与論

このように洋務派官僚の間にみられはじめていた議院制への関心は、民間の知識人層の間にも広まっていった。たとえば、張樹声が密奏した光緒一〇年（一八八四）以降に目立つものとして、陳熾《ちんし》（?―一八九九）の『庸書』、鄭観応《ていかんおう》（一八四二―一九二二）の『盛世危言』（一八九三）などが挙げられる。この二書は、それまでの他のものが議院制を官僚の合議制のように考えていたのに対し、議員は官僚からではなく、民間から、しかも公選によって選ばれるべきことを主張しはじめた点で画期的である。

たとえば広東の貿易商であった鄭観応は「中国の郷挙里選の制を根本とし、西洋の投票公挙の法を参考として、才望ある議員を選び、また各省に多く新聞社を設けて、議院の是非を明かならしめよう」と述べ、「議院を設けて民心を固める」ことこそが政治の根本であると主張した。

こういった主張はやがて康有為らに継承され、いわゆる変法運動となった。康有為は、ロシアのピーター大帝にならって君権によって改革を行うこと、および日本の明治の新政にならって立憲政体をつくり上げることを変法の眼目とし、具体的には光緒帝《こうしょてい》の下で立憲政体をつくることをめざした。

彼は光緒帝に幾度か上奏をくり返して変法を訴えたが、その第五次の上書（一八九七）の中で、国会の設立と憲法の発布の必要性を上奏し、翌年四月には意見に賛同した光緒帝により新政の基本を述べた詔勅が発布され、いわゆる戊戌の新政を迎えるまでにいたった。

康有為はこの新政の中で重きをなし、彼に同調する民間学者の梁啓超《ちょうけいちょう》（一八七三―一九二九）や譚嗣同《たんしどう》（一八六五―九八）らも官吏に任用されて、経書中心の従来の科挙試験を時事や政論中心のものに改革した。また儒教的な書院を西洋学兼修の学校に改めたり、鉱山、鉄道などの専門学校を建てたり、官庁の整理を行ったりしはじめたが、西《せい》太后《たいごう》のために挫折させられる。光緒帝は幽閉、康有為、梁啓超は海外に亡命、譚嗣同は他の同志らとともに処刑されるという結末に終り、新政はわずか百日で失敗する破目となった。それでこれを百日維新といい、この政変を戊戌政変という。康有為がめざした君主立憲制はついに日の目を見ることなく終ったわけである。

革命派の抬頭

戊戌政変の二年後、一九〇〇年に民間の宗教的秘密結社による排外的な「扶満滅《ふまんめつ》洋《よう》」の保国運動である義和団事変が山東省に起る。北京に入城してキリスト教会堂や列国の居留地を攻撃するにいたって、英・米・仏・露・独・伊・日・澳の八か国の連合軍の出兵をもたらし、翌一九〇一年、中国が列国に四億五千万両の賠償金を支払うほか、各国の陸軍の駐屯も認めるなどの条件で講和が成立した。

中国の存亡にかかわる事態の深刻さに気づいた西太后は、国民の不満をそらすべく、一九〇一年に、三年前の戊戌の新政とほぼ同じ政治改革案を発表した。しかし時すでに遅く、時代はすでに革命派の登場を待っていた。日清戦争（一八九四―九五）での敗北が戊戌新政をもたらしたとすれば、義和団事変の敗北は革命派の登場をうながす契機となったのである。

一九〇〇年の末、日本を根拠としていた孫文・逸仙《いっせん》（一八六六―一九二五）が広東近くの恵州で試みた第二回の武装蜂起が、まずそのさきがけである。孫文はすでに日清戦争直後の一八九五年に広東で第一回目の蜂起を試みて失敗している。一九〇〇年の第二回目もやはり失敗に終ったが、しかし同じく失敗したとはいえ、第一回目の時には「乱臣賊子・大逆不道」の輩として与論からそしられたのが、第二回目には、有識の士から逆に失敗を残念がられた、と孫文自身が述べているように、この五年の間の与論の動向の変化は極めて大きいものがあった。

こうして事態は、満洲王朝を倒して共和革命を実現しようとする孫文ら革命派に時代の主導権を手わたすことになり、一九〇五年には孫文を指導者とする中国同盟会が東京で成立し、「韃虜（満州王朝を指す）を駆除し、中華を恢復し、民国を創立し、地権を平均する」ことを綱領とし、機関誌『民報』が東京で創刊された。

その発刊の辞で、孫文は民族・民権・民生のいわゆる三民主義の原型となる革命理論を展開している。

辛亥革命とその後

一九一一年、清朝政府が外債により全国の鉄道を国有化しようと図った鉄道国有令は、外国資本の事業についての国権回収運動との対立を激化させ、自発的に鉄道回収にのり出していた民間の新興資産階級の反抗を招いた。革命党の根拠地であった広東・湖南・四川の各省での抵抗は激烈で、四川が特に激しかったため、政府は武漢駐屯の軍隊に四川への出動命令を下した。

ところが、武漢軍には革命運動の支持者が少なくなく、彼らは十月十日に反旗をかかげ、武昌城を革命軍の手中にし、中華民国軍政府革命軍の名で、満州王朝を倒し漢人国家を復活することを宣言した。一九一一年が辛亥の年であったことに因んで呼ばれるこの辛亥革命は、中華民国革命の第一歩であった。挙兵の十月十日は双十節と呼ばれて中華民国の国慶節《こっけいせつ》とされるにいたった。

清朝政府はこの事態に対し、武漢を攻撃したが撃退され、逆に十月二十二日には湖南・陝西が独立を宣言、三十日には山西・雲南が独立を宣言、こえて、十一月に入ると上海・貴州・蘇州・浙江・広西・安徽・福建・広東・四川など都市や各省がつぎつぎと独立を宣言し、引退中の北洋軍の巨頭袁世凱《えんせいがい》（一八五九—一九一六）がひき出されて時局の収拾に当ることになった。袁世凱は、年末に英国から帰国した孫文が南京で中華民国の成立を宣言したのをうけて、その孫文と交渉し、清朝を廃絶し共和制をしくことを条件に、みずからが孫文に代って大総統の地位につくという妥協が成り立った。ここに清朝は一九一二年二月十二日をもって二百七十七年の歴史を閉じた。

このあと袁世凱が一九一六年に病死したあとは北洋軍閥が安徽派、直隷派、奉天派などに分かれ、それぞれが特定の列国と結んで地方に割拠するなど、軍閥割拠の様相を呈しはじめた。そこで孫文は一九二四年、広東で国民党一全大会を開き、一九二一年に成立していた中国共産党との間で国共合作を行い、連合して北方軍閥を倒すための北伐の軍をあげ、中国を統一しようとしたが、翌二五年に癌で病死した。

このあと蔣介石《しょうかいせき》（一八八七―一九七五）がその遺志をついで北伐を行い、一九二八年、北京に入城し、国民党政府による中国の統一に成功した。しかし、一九三一年の満州事変、一九三七年の蘆溝橋事変とつづく日本の進攻により日中戦争が始まり、一九四五年の日本の敗北後も国共の対立から内戦がひきつづく。やがて一九四九年十月一日、中国共産党による中華人民共和国政府が北京に成立する一方、国民党政府が台湾に拠るという分裂状態にあることは、周知のとおりである。

孫文の三民主嚢

孫文は中国共産党政府からも国民党政府からも、中国革命の父として尊崇されている。その民族・民権・民生の三主義をもついわゆる三民主義は、それぞれに継承され現在に及んでいる。

民族主義は、列強によるアジアの植民地化という当時の状況を前にし、「抑強扶弱」と「打不平」、すなわち強さを抑え弱きを扶け、不平等をなくす、ということをめざした。孫文の言葉を借りていえば、「強権」に対する「公理」の闘いである。彼によれば、将来中国が強大になったとしても、イギリスがビルマを亡し、日本が朝鮮を併呑したような列強の帝国主義のまねはけっしてしない、むしろ強大になったそのときには、今日中国が受けている列強の圧迫による苦痛を思いおこし、弱小民族の苦痛をとり除くように努める、それこそが「治国・平天下」の道であり、その道を実現するためには、「固有の道徳と平和とを基礎に、世界を統一し、一つの大同の治をうちたてねばならない、それが、わが民族主義の真の精神なのだ」という。

民権主義については、民族主義がフランスの「自由」すなわち民族が自由をうることに当るのに対し、民権主義は「平等」すなわち君権を打破して一人一人が平等の政治的地位をうることとしている。孫文によれば、才能がありながら利己的な人間は、その才能によって他人の利益を奪い、やがて専制的階級となって政治上の不平等が生みだされる。一方、利他的な人間は、その才能によってもっぱら他人の幸福をはかり、やがて専制を倒し、民権を主張し、不平等をなくそうとするようになる。だから「服務という道徳心が人類に発達すること、それが平等の真髄なのだ」と。

民生主義は、孫文によれば、フランスの「博愛」すなわち四億のために幸福をはかること、具体的には四億のすべてが「豊衣足食」するようにすることである。そのためには、社会の発展による地価の上昇部分を公有にするなど、富の分配を公平にすることに努め、私人の資本を節制して富の偏在化を抑え、将来に共産を理想とする。そして「人民が国家に対してなんでも『共』にできるようになってこそ、民生主義の目的も達せられるし、それこそが孔子の望んでいた大同世界なのである」という。

こうしてみてきて気づくとは、三民主義には色濃く儒家的な道徳思想すなわち仁や公や大同の思想が投影していることである。「天下為公」や「大同」についてはすでに第四章でふれたが、このように儒家の思想が中国の革命思想の中に流入していることとは、注目されてよい。

一般に儒教というと家父長的な上下身分秩序とか忠孝などの封建的な服務規範が日本では想起されるが、第一章から第四章までに見てきた天・理・自然・公の概念は、もとは道家や墨家の思想に由来するものがあるとはいえ、宋代以降は渾然と儒家の思想に一体化したものとなっており、儒教に対しては、より広い幅で見られることが求められる。

中国の「大同」的近代思想の特質

三民主義を貫いている中心の思想は「公」「大同」であり、いいかえれば公平、公正、平等、均分の思想である。これは、一方では、民族主義における少数列強の横暴への抵抗、民権主義における少数専制者の豪横の排除、民生主義における少数の大地主・資本家の経済的特権（専利）の制限など、少数を「私」とし多数を「公」とする一種の全体主義的傾向を強くもつ。

これを民権主義についていえば、それは個人の人権よりも、国民が総体として平等を志向する団体権であり、その中では利己は排除されて、利他が推奨される。特に民生主義との関連でいえば、個人の私有財産権の無制限の自由は制約され、「共」産が理想とされるのであり、私有財産権を基礎にしたヨーロッパ的な個人の自由は、むしろ否定される傾向にある。

こういったことは、特に孫文個人だけにみられるというものではなく、第二章、第四章や第九章でみてきたように、思想の上でも制度論議の上でも、長い伝統の中で醸成されたもので、むしろ孫文の三民主義は、そのような伝統をよりよく継承したものであったからこそ、多数の知識人や国民の間に浸透することができたのである。

つまり、逆にいえば、伝統的な「仁」「公」「大同」思想が近代になって三民主義に開花した、ということが許されるのであり、その伝統が、私有財産権に基づいた個人の自由といった考え方を阻んできた、ともいえるのである。

ただし中国には、一方で、天下生民思想という伝統がある。民は国家（近代以前は朝廷がすなわち国家であった）には関与しない、天によって生みなされた（その意味で生民という）天下の生民であり、したがってどの王朝の存亡にも責任をもつことはなかった。こういった生民観は近代以後にも継承され、近代的な国家が成立したあとも、国家＝政府にはただ税金を収めるだけで、それの存亡には責任をもたない。それよりも自分たちの生活の確保を第一義とする、孫文によって「散沙の自由」と批判された天下生民的な自由観があることも忘れてはならない。

こういった天下生民的な自由観は、現在でも香港や台湾の中国人の中に多く見うけられる。ただしその自由は、基本的には血縁や地縁などのつながりの中で生きているもので、いわゆる「散沙」すなわちばらばらの個人の自由というのは、正確な評ではない。

しかし、ヨーロッパ的な意味での個人の自由がないことを中国のマイナス荷とみなすことは正しくない。むしろ「公」「大同」や「縁」のつながりの中での利他の道徳性に、中国的な個の基盤があるのである。そこに改めて注意を向ける必要がある。

ヨーロッパにあるものが中国にない代りに、ヨーロッパにないものが中国にあるのである。今後は、そういったそれぞれの独自性が相対的に正しく認識され、新しい人類的な価値観が生みだされることが望まれる。

参考文献〔本書の執筆にあたって参考にし、またはふまえたもの〕

第一章
松丸道雄編『西周青銅器とその国家』 東大出版会 一九八〇年
松丸道雄他『中国文明の成立』 講談社 一九八五年
戸川芳郎『古代中国の思想』 放送大学教育振興会 一九八五年
内山俊彦『中国古代思想史における自然認識』 創文社 一九八七年
影山輝国「漢代における災異と政治—宰相の災異責任を中心に—」『史学雑誌』90－8 一九八一年
溝口雄三「中国の天」（上）（下） 『文学』55－12、56－2 岩波書店 一九八七・八年
相良亨「日本の天」（上）（下） 同右
小島毅「宋代天譴論の政治理念」『東洋文化研究所紀要』 第一〇七冊 東京大学東洋文化研究所 一九八八年
第二章
溝口雄三「中国の理」 『文学』55－5 岩波書店 一九八七年
相良亨「日本の理」 同右
吉田純「『閲微草堂筆記』小論」 『中国—社会と文化』 第四号 東大中国学会 一九八九年
第三章
溝口雄三「中国の自然」 『文学』55－6 一九八七年
相良亨「日本の自然」 同右
池田知久『荘子』上・下 学習研究社 一九八三・四年
第四章
吉田孝『律令国家と古代の社会』岩波書店 一九八三年
溝口雄三「中国における公・私概念の展開」 『思想』六六九 岩波書店 一九八〇年

同「中国の公・私」(上)(下)『文学』56-9、56-10 岩波書店 一九八八年
田原嗣郎「日本の公・私」(上)(下) 同右
第五~八章
宮崎市定『宋と元』 中央公論社 一九八三年
戸川芳郎・蜂屋邦夫・溝口雄三『儒教史』 山川出版社 一九八七年
黒住真「儒教の日本化をめぐって」『日本学』第一二号 名著刊行会 一九八八年
同「徳川前期儒教の性格」『思想』七九二号 一九九〇年
宮城公子『大塩平八郎』朝日新聞社 一九七七年
同「幕末儒学史の視点」『日本史研究』第二三二号 一九八一年
同「『誠意』のゆくえ―大橋訥菴と幕末儒学」『同』第二八五号 一九八六年
同「日本の近代化と儒教的性格」『同』第二九五号 一九八七年
朴鐘鳴訳・姜沆『看羊録』 東洋文庫 平凡社 一九八四年
溝口雄三「無善無悪の思想史的意義」『歴史学研究』四八七号 青木書店 一九八〇年同「天人合一における中国的独自性」『佐藤一斎・大塩中斎集』所収 岩波書店 一九八〇年
同「二つの陽明学」『理想』五七二号 理想社 一九八一年
同「日本的陽明学をめぐって」『現代思想』 青土社 一九八二年
第九、十章
戸川・蜂屋・溝口『儒教史』
溝口雄三『中国における前近代思想の屈折と展開』 東京大学出版会 一九八〇年
同「儒教・封建・反君主思想」『国語通信』9 筑摩書房 一九八五年
同「光緒初期の議会論」『中国―社会と文化』第一号 東大中国学会 一九八六年
同『方法としての中国』東京大学出版会 一九八九年

〔前記以外で参考になる主な著書・論文〕

第一～四章

〈著書〉

田原嗣郎『赤穂四十六士論―幕藩制の精神構造』　吉川弘文館　一九七八年

尾形勇『中国古代の「家」と国家―皇帝支配下の秩序構造』　岩波書店　一九七九年

蜂屋邦夫『中国の思惟』　法蔵館　一九八五年

吉川忠夫『六朝精神史研究』　同朋舎出版　一九八三年

相良亨他編『日本思想』1自然　東京大学出版会　一九八三年

同右　3秩序　同右　一九八三年

中嶋隆蔵『六期思想の研究―士大夫と仏教思想』　平楽寺書店　一九八五年

山田慶児『朱子の自熱学』　岩波書店　一九七八年

〈論文〉

加藤常賢「公私考」『歴史学研究』第96号　一九四二年

池田末利「天道と天命」『広島大学文学部紀要』28－1　一九六八年

栗田直躬「『公』と『私』」『福井博士頌寿記念東洋文化論叢』　早稲田大学出版部　一九六九年

沢田多喜男「前漢の災異説―その解釈の多様性の考察―」『東海大学紀要文学部』第15輯　一九七一年

同「先秦における公私の観念」『同』第25輯　一九七六年

日原利国「災異と讖緯」『東方学』第43輯　東方学会　一九七二年

好並隆司「中国古代祭天思想の展開」『思想』第六〇八号　岩波書店　一九七五年

金子修一「中国古代における皇帝祭祀の一考察」『史学雑誌』87－2　史学会　一九七八年

影山輝国「董仲舒に至る災異思想の系譜」『実践国文学』第34号　一九八八年

第五～八章

〈著書〉
島田虔次『朱子学と陽明学』岩波新書　一九六七年
同『中国における近代思惟の挫折』改訂版　筑摩書房　一九七〇年
同『王陽明集』　朝日新聞社　一九七五年
溝口雄三「焚書（抄）」『近世随筆集』所収　平凡社　一九七一年
市川安司『朱子―学問とその展開』　評論社　一九七四年
荒木見悟・溝口雄三『朱子・王陽明』　中央公論社　一九七四年
吉川幸次郎・三浦国雄『朱子集』　朝日新聞社　一九七六年
荒木見悟『仏教と陽明学』　レグルス文庫　第三文明社　一九七九年
溝口雄三『中国前近代思想の屈折と展開』　東京大学出版会　一九八〇年
同『李卓吾』集英社　一九八五年

第九、十章

〈著書〉
野村浩一『近代中国の政治と思想』　筑摩書房　一九六四年
西田太一郎訳『明夷待訪録』　東洋文庫　平凡社　一九六四年
野沢豊『孫文と中国革命』岩波新書　一九六六年
小野川秀美『清末政治思想研究』　みすず書房　一九六九年
後藤基巳・山井湧『明末清初政治評論集』　平凡社　一九七一年
西順蔵編『原典中国近代思想史』全六巻　岩波書店　一九七六年
近藤邦康『中国近代思想史研究』　勁草書房　一九八一年
丸山松幸『中国近代の革命思想』　研文出版　一九八二年
小島晋治・丸山松幸『中国近現代史』岩波新書　一九八六年

創刊の辞

この叢書は、これまでに放送大学の授業で用いられた印刷教材つまりテキストの一部を、再録する形で作成されたものである。一旦作成されたテキストは、これを用いて同時に放映されるテレビ、ラジオ（一部インターネット）の放送教材が一般に四年間で閉講される関係で、やはり四年間でその使命を終える仕組みになっている。使命を終えたテキストは、それ以後世の中に登場することはない。これでは、あまりにもったいないという声が、近年、大学の内外で起こってきた。というのも放送大学のテキストは、関係する教員がその優れた研究業績を基に時間とエネルギーをかけ、文字通り精魂をこめ執筆したものだからである。これらのテキストの中には、世間で出版業界によって刊行されている新書、叢書の類と比較して遜色のない、否それを凌駕する内容のものが数多あると自負している。本叢書が豊かな文化的教養の書として、多数の読者に迎えられることを切望してやまない。

二〇〇九年二月

放送大学長　石弘光

放送大学

学びたい人すべてに開かれた
遠隔教育の大学

〒261-8586 千葉市美浜区若葉2-11
Tel: 043-276-5111　Fax: 043-297-2781　www.ouj.ac.jp

溝口雄三（みぞぐち・ゆうぞう）
中国思想史研究者、東京大学名誉教授。
著書に『中国前近代思想の屈折と展開』『中国の公と私』『中国の衝撃』（いずれも東京大学出版会）など。

1932年 愛知県生まれ。
58年 東京大学文学部中国文学科卒業
名古屋大学文学研究科中国哲学専攻修士課程修了、
埼玉大学教養学部助教授をへて
78年 一橋大学社会学部教授
81年 東京大学文学部教授
93年 大東文化大学文学部教授
2010年 歿

シリーズ企画：放送大学

〈中国思想〉再発見

2010年5月30日 第1刷発行
2013年11月30日 第2刷

著者 溝口雄三

発行者 小柳学

発行所 左右社
〒150-0002 東京都渋谷区渋谷2-2-4 青山アルコーブ406
Tel: 03-3486-6583 Fax: 03-3486-6584
http://www.sayusha.com

装幀 松田行正＋山田和寛

印刷・製本 シナノパブリッシングプレス

Printed in Japan ISBN978-4-903500-29-4

放送大学叢書　表示価格は税抜

西洋近代絵画の見方・学び方
木村三郎　本体価格二〇〇〇円

老いの心の十二章
竹中星郎　本体価格一六一九円

学校と社会の現代史
竹内洋　本体価格一六一九円

〈こころ〉で視る・知る・理解する　認知心理学入門
小谷津孝明　本体価格一六一九円

安全で良質な食生活を手に入れる　フードシステム入門
時子山ひろみ　本体価格一七〇〇円

西部邁の経済思想入門
西部邁　〔二刷〕本体価格一七〇〇円

学びの心理学　授業をデザインする
秋田喜代美　〔二刷〕本体価格一六〇〇円

日本人の住まいと住まい方
平井聖　本体価格一八〇〇円

日常生活の探究　ライフスタイルの社会学
大久保孝治　本体価格一六〇〇円